Traité de la Cabale Mixte

Du même auteur chez Unicursal :

LA MAGIE SACRÉE D'ABRAMELIN

DRACONIA
Les Enseignements Draconiques
de la Véritable Magie des Dragons

DRACONIA TOME 2
Le Code Draconique au Quotidien

LA SCIENCE DES MAGES
Traité Initiatique de Haute Magie

MAGIE BLANCHE
Formulaire Complet de Haute Sorcellerie

SÉRIE LEMEGETON
Goetia — Petite Clé du Roi Salomon (Livre I)
Ars Theurgia Goetia (Livre II)
Ars Paulina (Livre III)
Ars Almadel Salomonis (Livre IV)
Ars Notoria (Livre V)

Traité de la Cabale Mixte

Qui comprend l'Art Angélique extrait des Docteurs Hébreux

Étant une transcription complète et fidèle en tout point d'un segment du Ms. 4657 de la Wellcome Library de l'Université de Londres, au Royaume-Uni.

TRANSCRIPTION, ÉDITION, PRÉSENTATION, SCEAUX & NOTES
PAR
MARC-ANDRÉ RICARD

UNICURSAL

Introduction
par M-A Riçard

LE TRAITÉ DE LA CABALE MIXTE est un court texte de 47 pages traitant de magie cabalistique. Il est l'un des trois ouvrages secondaires qui composent le *Ms. Wellcome 4657*, une copie manuscrite des *Clavicules de Salomon* datant du 18e siècle. Son auteur, copiste, est anonyme.

Le Traité qui nous intéresse dans le cadre de cette transcription est, lui aussi, divisé en quatre sections distinctes.

LA PREMIÈRE PARTIE comprend un exposé des dix Numérations ou Ornements associés aux dix Noms de Dieu, aux dix Ordres Angéliques, et aux dix Séphiroths de la Cabale. On y découvre les objets auxquels tendent les contemplations des Cabalistes qui leur servent de base pour établir les lois pour parvenir à la sagesse. On apprend, de plus, quel est l'ordre des jours dans lesquels il faut opérer ainsi que les Noms Divins qui leur sont associés.

La seconde partie traite des Sceaux, des Pentacles et des Heptacles. Ici, on y explique en détail toute la nomenclature de l'Opération cabalistique. Le texte décrit les matières propres à la confection des Pentacles et comment parvenir à les rendre opérationnels, suite à de nombreuses bénédictions et Oraisons. Ces derniers devront être utilisés en conjonction de versets de l'Écriture spécifiques pour faire face aux nombreux écueils de la vie quotidienne. Nous retrouvons un total de 59 propriétés des versets pour obtenir divers effets, notamment, pour être élevé aux dignités, pour vaincre ses ennemis et obtenir la protection, pour prospérer ou, encore, guérir toute sorte de maux physiques.

La troisième partie contient l'Art Angélique proprement dit. C'est une œuvre particulière qui fait emploi des Sceaux attribués aux sept Anges de la semaine. Nous retrouvons les sept Pentacles utilisés pour évoquer la puissance des Anges qui, grâce à leur concours, béniront l'opérateur en lui révélant tout ce qu'il désire savoir lors de rêves prophétiques. C'est un procédé intéressant qui fait usage de la prière comme atout principal.

LA DERNIÈRE PARTIE, quant à elle, traite de la divination grâce au *Livre du Sort*. Un peu comme l'on ferait avec des cartes ou un oracle, l'opérateur est appelé à prier Dieu, dans un premier temps, puis à se concentrer sur l'objet de sa demande. Il choisira ensuite un nombre compris entre 1 et 112, lequel correspond à une réponse préétablie dans ledit livre. Il ne restera plus qu'à interpréter le message reçu en fonction de la demande formulée. Il est également expliqué comment il est possible de pratiquer cette Opération pour une tierce personne, en obtenant, au préalable, un peu de son sang.

Voilà pour ce qui est du contenu du *Traité de la Cabale mixte*. La seule chose que je déplore de ce manuscrit, c'est que le copiste ne mentionne aucunement quelles ont été les sources utilisées, sinon une mention discrète en début du manuscrit indiquant simplement que *les textes furent copiés sur les originaux de la bibliothèque nationale*. Le reste ne demeure, hélas, que de pures spéculations ou encore, pour certains, une porte ouverte et l'occasion d'entamer de nouvelles recherches afin de remonter jusqu'à la source lointaine des textes originaux.

Du Ms. Wellcome 4657

Ce livre que vous tenez entre les mains est une exacte transcription d'un curieux recueil de magie cabalistique. Il se trouve inséré entre une copie manuscrite des *Clavicules de Salomon* et une collection de *Secrets Magiques*. Catégorisé sous le titre de *pseudo-solomon*, ce manuscrit, le Ms. 4657, se trouve conservé dans la collection de la Wellcome Library de l'Université de Londres, au Royaume-Uni.

Recueil totalisant 282 pages, il est rédigé en langue française, écrit en lettres attachées, et à l'encre noire ; il comporte de nombreuses figures, toutes soigneusement retracées à la plume. Sur la tranche de la reliure, il y est indiqué en lettres dorées :

CLAVICULES DE RABBI SOLOMON, M. S.
ST. GERMAIN.

Il n'y a aucune date d'indiquée, sinon qu'il est inscrit au début de l'ouvrage, au crayon de plomb, possiblement par les archivistes même de la bibliothèque londonienne [moitié du 18e siècle].

Le recueil comprend quatre ouvrages principaux, indiqués par des titres en lettres majuscules et caractères gras. Nous retrouvons ainsi, de la page 3 à 144 :

Clavicules de la Vie Humene rabit Salomon traduitte du texte hebreux avec exatitude misse en francois avec les figurre misterieusse pantaculle talismant cerclle caracterre et canderies.

De la page 145 à 192, le texte transcrit pour le présent livre :

Traité de la Cabale mixte qui comprend l'art angelique extrait des docteurs hebreux.

De la page 193 à 256 :

Recueil de secrets magiques tirés de pierre d'abano, de corneille agrippa, et d'autres celebres philosophes.

Puis de la page 257 à 277 :

Lanachrise ou livre du docte pelagiens hermitte de lilles de mayorque envoyés au philosophe.

De la Cabale mixte

C'est en effectuant de nombreuses recherches, dans les collections et les archives des grandes bibliothèques, sur les différentes versions manuscrites des Clavicules de Salomon, que je suis tombé pour la toute première fois sur ce manuscrit. En ce temps-là, je n'étais pas entièrement familier avec le terme de *Cabale mixte*, du moins telle qu'elle est présentée ici. Comme certains, j'en suis convaincu, j'en avais eu vent, il y a fort longtemps déjà, par le récit d'Abraham le Juif dans le Livre de la Magie Sacrée d'Abramelin. Et ce n'est peut-être pas le fruit du hasard, donc, si le présent ouvrage vint immédiatement après ma transcription du manuscrit de la Magie Sacrée ; comme si l'écho de cette forme de Cabale persistait çà et là, dans mon éther immédiat.

Selon mon expérience personnelle, je ne crois pas qu'il existe de nombreux documents qui font mention de la Cabale mixte, si mes humbles trente années d'expérience dans le domaine peuvent en témoigner. Quoi qu'il en soit, il est aussi possible que je ne sus la reconnaître ou, peut-être, encore, fut-elle présentée sous un autre nom, qui sait. Tout est possible.

Mais alors pourquoi donc prendre la peine de donner un second souffle de vie à un tel ouvrage si méconnu ? Car justement, cette Science semble assez rare, d'un premier coup d'œil, puis son association apparente, en certains passages, avec le Grimoire d'Armadel, en fait un singulier prétendant à une transcription complète. Plus encore, comme il n'est pas disponible en forme imprimée, j'ai jugé qu'il deviendrait un parfait ajout à toute bibliothèque occulte digne de ce nom.

C'est alors qu'en tentant de trouver d'autres traces de cette Cabale mixte, j'en suis venu à découvrir deux ouvrages qui en faisant brièvement allusion, mais non, hélas, en terme de contenu ou de révélations magiques, mais seulement en ce qui a trait au manuscrit proprement dit.

On retrouve une mention du manuscrit dans un intéressant catalogue de vente, relié et daté de 1803, ayant pour titre : *Catalogue des livres précieux, singuliers et rares, tant imprimés que manuscrits, qui composaient la Bibliothèque de M. ***.

À la page 83, nous y retrouvons notre manuscrit avec la notice suivante :

703. La Clavicule ou Clef de Salomon, Roi des Hébreux, et fils de David ; traduite de l'hébreu : divisée en 4 livres. — Recueil de Secrets magiques, tirés de P. d'Albano, de Corn. Agrippa, et d'autres célèbres Philosophes. — Traité de la Cabale mixte, qui comprend l'art angélique extraordinaire des Docteurs hébreux. *MS. in-4º. mar. n. dent. double de tab.*
Exécuté avec le même soin et de la même main que le précédent.

En cherchant davantage, nous retrouvons une entrée presque identique, au nº 522, dans un catalogue ultérieur, daté de 1823, intitulé :

Catalogue des livres rares et précieux de la bibliothèque de M. le vicomte de Morel-Vindé. Un peu plus loin, il y est indiqué le nom du possesseur précédent, possiblement en référence à M. ** de l'ouvrage mentionné plus haut : (…) *de la bibliothèque rassemblée par feu M. Paignon Dijonval, et continuée par M. le vicomte de Morel-Vindé, pair de France.*

Voilà, c'est à peu près tout ce que l'on retrouve actuellement.

Alors, à la question, mais qu'est-ce au juste que la Cabale mixte ?

Je répondrai ceci.

C'est une forme de Cabale éclectique dont la base repose sur les dix Numérations de Dieu ou, plus précisément, sur les analogies tirées de l'Arbre de Vie cabalistique ; le tout en formant un amalgame homogène avec de nombreuses prières et procédés qui découlent tous de la Divinité Unique et de ses ministres les Anges.

Certains me diront, mais n'est-ce pas tout simplement la même chose pour la Cabale ? Et je répondrai que oui, cela est aussi juste.

Et pour le praticien ; qu'est-ce que cela signifie ? Que ce livre contient des procédés uniques et des Oraisons tirés des versets de l'Écriture afin d'accomplir, de concert avec la Grâce Céleste, de nombreuses actions occultes et magiques, dont la prophétie, la guérison, la protection, la réussite personnelle et le succès.

De la transcription

Je sais que j'ai cette fâcheuse tendance d'insister sur ce qui suit, mais suite à la traduction du LEMEGETON et à la transcription du livre de la MAGIE SACRÉ D'ABRAMELIN, je ne peux faire autrement que de vous demander de porter votre attention sur comment furent, à l'époque, rédigés ces manuscrits. C'est-à-dire dans un ancien français aux tournures de phrases parfois discutables. Il faut savoir qu'à la base, un grimoire est beaucoup plus un livre de notes personnelles qu'un texte de formation destiné à être partagé avec le public.

Mais la beauté d'une transcription, ne se trouve-t-elle pas justement dans le fait d'offrir au lecteur une copie exacte, tout comme s'il faisait lui-même la lecture du manuscrit original, en tenant délicatement entre ses doigts ces pages jaunies à la couverture craquelée ? C'est pour cette raison que je me suis borné, une fois de plus, à transcrire le texte tel quel, dans son intégralité, avec ses fautes et sa grammaire désuète. J'aurais pu simplement tout corriger au fur et à mesure, et vous offrir un texte remanié et plus fluide. Mais agir ainsi aurait été de supprimer le côté antique et authentique de la chose. Il n'y a rien de plus somptueux que de découvrir un fragment du passé dont l'aura est demeurée intacte et toujours aussi imprégnée des temps de jadis.

Et donc, en conséquence, lorsque cela était nécessaire, je me suis servi de (parenthèses) pour isoler des mots ou des répétitions qui se trouvaient dans le texte. Par ailleurs, lorsque vous retrouverez certains mots entre [crochets], ces derniers furent mes propres ajouts afin de clarifier le texte dans l'effort de le rendre plus compréhensible, sans pour autant réécrire la phrase originale.

Au final, vous pouvez être assuré détenir une copie fidèle et exacte du texte, mot à mot, tel qu'il y figure dans le Ms. 4657.

Je vous invite à pratiquer ces Opérations cabalistiques et changer ainsi votre destin, évidemment, seulement si le Grand Ciel juge que cela puisse vous convenir.

M-A Ricard ~555

Yule[+9], décembre 2020.

De la Cabale Mixte
Première Partie

Traité de la Cabale Mixte

Qui comprend l'Art Angélique extrait des Docteurs Hébreux

De la Cabale Mixte

Première Partie

CETTE partie de la Cabale comprend la faveur divine par laquelle l'esprit de l'homme, concentré en soi-même dans la méditation des choses célestes, se trouve ravi en une espèce d'extase, dans laquelle il reçoit la révélation des Hautes Sciences des choses occultes qu'il n'est pas donné à tout homme de savoir. Une fois que l'homme a éprouvé cette extase, il ne se sonne plus guère des choses de ce bas monde, qu'autant qu'elles contribuent à la gloire de Dieu, et à l'avantage de son prochain.

La satisfaction qu'il éprouve de se voir si rapproché des Anges lui tient lieu de tout. Pour parvenir à obtenir une faveur aussi distinguée du Ciel, il est à propos d'avoir quelques connaissances des attributs de Dieu, tels que les Docteurs Hébreux nous les ont transmis.

Ils décrivent la divinité comme recueillie dans l'éloignement infini de son centre, et comme toujours occupée à la reproduction des choses, Dieu, étant considéré comme recueilli en soi-même, ne peut non seulement pas être décrit d'aucune manière, mais pas même compris par l'entendement de l'homme. C'est pourquoi, Dieu, en parlant à Moïse, lui disait : *posteriora mea videcis;* lui faisant entendre par ces mots que sa face ne pouvait pas être connue de lui, vu qu'il n'y a que les yeux de Dieu même qui puissent la voir. Les Hébreux l'appellent ENSOPH[1], c'est-à-dire, l'infini incompréhensible.

Les Docteurs Hébreux voulant donc montrer Dieu comme occupé de la production des choses, lui donnent dix principaux attributs appelés NUMÉRATIONS, qui comprennent toutes choses, et sont comme autant d'Ornements dont il est entouré, qui font briller sa divinité et la font connaître

---

1　　　　Ou *Ein Sof*, qui signifie *sans fin*.

à l'homme. Ces dix Numérations ou Ornements ont un rapport direct avec les dix Noms de Dieu, desquels sont produits les dix Ordres Angéliques, les dix Sphères Célestes[2], dont le monde sensible est composé, ainsi que les dix parties du microcosme.

La première Numération, ou Ornement de Dieu, qui est en même temps la Couronne de tous les siècles s'appelle ...[3] savoir [le] canal par lequel Dieu influe, et répand sa bonté sur le chœur des SÉRAPHINS, et sur le Premier Mobile, par le moyen de l'intelligence appelée METATRON SERAPANIM, qui signifie *prince des aspects,* par le moyen duquel les Hébreux prétendent aussi (qui) [que] Dieu ait parlé à Moïse.

Cette première Numération se rapporte au nom de Dieu EIHE[4], qui signifie *Essence* parce qu'il donne l'être à toutes les choses qui existent, et remplit de la splendeur de sa Majesté infinie

---

2   Les dix Séphiroths.

3   Le nom n'est pas écrit dans le Ms. Soit qu'il était illisible au copiste, soit qu'il ne le connaissait pas, soit encore qu'il était manquant dans la source originale utilisée pour parfaire ce Manuscrit. Quoi qu'il en soit, ce nom est KETHER. On remarquera, tel que mentionné précédemment, que ces Numérations correspondent aux dix Séphiroths de l'Arbre de Vie cabalistique.

4   Communément EHEIEH.

tout l'Univers depuis le centre jusqu'à la circonférence.

La 2ᵉ Numération s'appelle Cochmah, c'est-à-dire *Sagesse*. Le nom de Dieu qui lui est approprié est le nom infaillible des quatre Jehovah[5] uni à Iod. C'est par elle que Dieu influe sur les Chérubins, sur le ciel étoilé, par le moyen de l'Ange Raziel, Génie d'Adam, en formant ces lumières indéfinissables du monde idéal, et par conséquent, en distinguant le chaos des choses créées.

La 3ᵐᵉ Numération s'appelle Binah ou *Prudence*. Elle se rapporte au nom de Dieu Elohim. Par elle, Dieu influe sur le cœur des hommes par le moyen de l'Ange Zaphriel, qui était le Génie de Noé, dominant sur la Sphère de Saturne où s'impriment les formes de la matière première, dont s'ensuit la génération de l'Univers.

La 4ᵐᵉ Numération[6] s'appelle *Clémence* ou *Bénignité,* attribuée à la droite et à la miséricorde infinie de Dieu. Elle porte le nom de Dieu El. Par elle, Dieu influe sur (le) l'Ordre des Dominations par le moyen de l'Ange Zadkiel, qui était le génie d'Abram, et sur la Sphère de Jupiter.

---

5   En référence aux quatre lettres du tétragramme YHVH.

6   La Séphire Hesed.

La 5me Numération s'appelle ...[7] c'est-à-dire *Rigueur* ou *Sévérité*. Elle porte le nom de Dieu GIBOR, et influe sur l'Ordre des PUISSANCES et sur la Sphère de (de) Mars, par le moyen de l'Ange CAMAEL; son intelligence qui était le Génie de Sanson: c'est d'elle que sont produits les Éléments.

La 6me Numération porte le nom de Dieu ELOA INI À VAUDAOTH[8]. Elle influe sur l'Ordre des VERTUS et sur la Sphère du Soleil, par le moyen de l'Ange RAPHAËL; son intelligence qui était l'Ange du patriarche Isaac et de Tobie le fils.

La 7me Numération s'appelle ...[9], c'est-à-dire *Triomphe*. Elle porte le nom très saint des quatre lettres réunies à SABAOTH; elle influe sur l'Ordre des PRINCIPAUTÉS et sur la Sphère de Vénus par le moyen de STANIEL[10], son intelligence, et produit toutes les plantes.

La 8me Numération porte le nom de Dieu ELOHIM SABAOTH. Elle influe sur le chœur des

---

7   Le nom est manquant dans le Ms. Cette Numération correspond à la Séphire Giburah.

8   Eloah V'Daath, qui correspond à Tipheret.

9   Nom manquant dans le Ms. Cette Numération correspond à la Séphire Netzach.

10   Il n'existe aucune référence à cet Ange. Il s'agit sûrement d'une erreur de transcription de la part du copiste. Le nom devrait être HANIEL.

Archanges et sur la Sphère de Mercure, par le moyen de l'Ange Michel [11]. Son intelligence est l'Ange de Salomon ; c'est par elle que sont produits les animaux.

La 9me s'appelle ... [12] c'est-à-dire *Base* ou *Fondement*. Elle porte le nom de Dieu Sadaï et influe sur le chœur des Anges et sur la Sphère de la Lune, par le moyen de Gabriel, son intelligence, qui était l'Ange de Daniel. C'est par elle que sont distribués les Génies ou Anges particuliers à chaque homme.

La 10me et dernière Numération s'appelle *Règne* et porte le nom de Dieu Adonaï Melech, qui signifie *Seigneur* et *Roi*. Elle influe sur l'Ordre animastique, que les Hébreux appellent Issim, ou steros, géants, hommes forts et vigoureux, et sur le monde par l'âme du Messiah, où, selon l'opinion d'autres, par Metatron, qui était l'Ange de Moïse. C'est elle qui donne le don de prophétie dans l'esprit des hommes, instruits de la Loi Divine, et de cette Science.

Parce que l'homme, par la plus élevée et spirituelle [action] de son entendement, parvient à avoir un accord et convenance avec la première

---

11   Tel quel dans le Ms. Michaël.

12   Nom manquant dans le Ms. Correspond à Yesode.

Numération ; par sa raison et son discours, avec la seconde ; par son concupiscible supérieur, un désir des Hautes Choses avec la troisième ; par son irascible supérieur ou zèle pour les choses divines, avec la quatrième ; par son libre-arbitre avec la cinquième ; par son occupation totale des choses Célestes, avec la sixième ; par les soins qu'il prendra des choses Inférieures, avec la 7me ; par [là] il parviendra à être d'accord avec la huitiè-me, comme réunissant les deux qualités pour les deux précédentes ; par celle de monter de l'active à la contemplative, il parviendra à la neuvième ; et par la *fauté qu'il a petre*[13] dans le premier domicile ou véhicule éthéré, il s'accordera avec la dixième.

Voilà les objets auxquels tendent toutes les contemplations des Cabalistes, et qui leur servent comme de loi pour parvenir à la vraie sagesse. C'est par la connaissance de ces choses qu'on parviendra à lire dans le Livre de la Vie, et si l'on fait attention à tout ce que nous venons de dire, on y trouvera le germe des Sciences infaillibles, et de la connaissance des choses passées, présentes, et futures. Cependant, comme cette Science tient de la divinité, et que vu la bassesse de l'homme,

---

13   Tel quel dans le Manuscrit.

il ne serait y atteindre sans une faveur divine,
nous allons voir comment l'homme peut encore,
pourtant, s'élever jusque-là notre âme[14], selon les
Platoniciens, avant qu'elle descende s'unir à notre corps.

Tout le monde intelligible existant dans un
état bienheureux était doué de toute science ;
mais [l'âme], se trouvant par cette union enveloppée par la matière corporelle, ses connaissances en sont tellement offusquées, qu'elle ne ressent presque plus aucune idée des choses, que
dans son état précédent, elle contemplait. Elle
n'est pourtant pas privée de ses connaissances ;
il reste à l'homme des moyens de les acquérir de
nouveau. L'âme sobre et frugale, l'éloignement
de tout excès et de toute faute, le silence des passions et la fixation dans l'objet que l'on propose,
sont des moyens qui contribuent beaucoup à faire concentrer l'esprit de l'homme en soi-même, et
à le rendre propre à la contemplation dont nous
avons parlé ci-dessus, par laquelle, l'âme s'élevant peu à peu avec la faveur divine au-dessus de
son enveloppe matérielle, se trouve enfin ravie
dans une haute extase appelée *aliénation* ou *fu-*

---

14   Cette phrase drôlement formulée semble plutôt sig-
nifier : *s'élever jusque dans son âme.*

reur divine, où elle voit de nouveau, à découvert, ses premières connaissances d'où, par le concours des Esprits Angéliques, il en résulte des effets miraculeux ; de façon que l'homme, dans cet état, fait et dit des choses surprenantes dont il ne se souvient plus après que l'extase est finie, et qu'il ne veut pas croire avoir été dites ni faites par lui.

D'après les connaissances que nous avons énoncées ci-dessus, on peut pratiquer certains procédés pour savoir des Anges ce que l'on désire. Pour cela, on a recours au Mystère Mixte qui dérive de la Cabale, quoi qu'il ne dépende pas absolument d'elle, et qu'il soit mêlé avec cette espèce de sagesse qui dérive de la vertu des choses supérieures dont la connaissance est appelée Loi Divine.

Pour pratiquer ces procédés avec succès, il faut, comme nous avons dit, se rapprocher de Dieu et des Anges par une vie sage, et par la prière, et connaître leurs noms [15].

Pour avoir, par exemple, révélation de quelque chose de bien que l'on désire, il faut savoir qu'il n'y a que certains jours dans lesquels on pourra opérer, et que dans chacun de ces jours, il y a un Ange qui le gouverne, et un Nom de

---

15   Les Noms de Dieu et des Anges pour chaque jour.

Dieu qui lui est approprié, et qu'il faudra nommer dans la prière, selon le jour où l'on est, de la manière qui suit.

Ordre des Jours

Dans lesquels il faudra opérer dans cet exemple,
et noms de dieu qui leur sont appropriés.

Jour		Nom de Dieu
Mercredi	☿	Elohim Sabaoth
Samedi	♄	Elohim
Mardi	♂	Elohim Gibor
Vendredi	♀	Sabaoth Jehovah
Lundi	☽	Sadaï
Jeudi	♃	El
Dimanche	☉	Eloi Vaudaoth

Noms des Anges appropriés aux dits jours

Mercredi	Raphaël
Samedi	Cassiel
Mardy	Samaël
Vendredi	Anaël
Lundi	Gabriel
Jeudi	Sachiel
Dimanche	Michaël

Étant donc préparé comme nous avons dit ci-dessus, avec un cœur net et sans péché, tu opéreras pendant huit jours. dans l'ordre des jours indiqués ci-dessus. qui seront choisis seulement dans le croissant de la Lune, laissant un intervalle de deux jours entre une Opération et la suivante. Et si tu ne pouvais pas terminer le tout dans une seule lunaison, tu la finirais dans le suivant croissant de la Lune.

On commencera donc par un Mercredi, qui soit un jour clair et serein, dans lequel tu jeûneras au pain et à l'eau. Ta chambre étant bien propre, et tu, étant lavé, tu te lèveras plus d'une heure avant le lever du Soleil; et dans l'aurore, tu réciteras à genoux les prières suivantes sept fois, chaque jour, de façon qu'elles soient finies avant le lever du Soleil.

Dans ces prières, il faudra avoir soin de changer le Nom de Dieu et de l'Ange appropriés aux jours dans lequel on opère. Le Samedi suivant, qui sera le second jour de ton Opération, tu te lèveras de même en disant les mêmes prières, dans lesquelles tu auras en auparavant l'attention d'insérer le Nom de Dieu et des Anges appropriés à ce même jour, et tu suivras la même méthode pour tous les autres jours, jusqu'à la fin.

Tu feras donc 1°   l   i n v o[16],

---

16   Tel quel dans le Manuscrit.

Invocation à Dieu

*Pour élever notre cœur à Dieu
et pour attirer sur nous sa condescendance.*

Psaume 8 [17]

DOMINE Dominus noster, quam admirabile est nomen tuum in universâ terra, quæ dedit confessionem tuam super cælos ; Exore infantium et lactantium fundasti virtutem propter inimicos tuos, ut deleres inimicum et ultorem quoniam ; vidabo cælos tuos opus digitorum tuorum lunam et stellas quae tu fundasti quid est homo, duod memores ejus ; aut filius hominis quoniam visitas eum minuisti eum paulo minus ab angelis gloriâ et decore coronasti eum ; et censtituisti eum dominatorum in operibus manuum tuarum. Omnia subjecisti sub pedibus ejus, oves et boves universas insuper et quadrupedes campi volures cœli et pisces maris pertranseuntes semitas maris ; Domine Dominus noster quam admirabile est nomen tuum in universâ terra.

---

17   J'ai ajouté partout dans le texte, autant que possible, la traduction française pour le bénéfice du lecteur.

Eternel, notre Seigneur! Que ton nom est magnifique sur toute la terre! Ta majesté s'élève au-dessus des cieux. Par la bouche des enfants et de ceux qui sont à la mamelle tu as fondé ta gloire, pour confondre tes adversaires, Pour imposer silence à l'ennemi et au vindicatif. Quand je contemple les cieux, ouvrage de tes mains, la lune et les étoiles que tu as créées. Qu'est-ce que l'homme, pour que tu te souviennes de lui? Et le fils de l'homme, pour que tu prennes garde à lui? Tu l'as fait de peu inférieur à Dieu, et tu l'as couronné de gloire et de magnificence. Tu lui as donné la domination sur les œuvres de tes mains, tu as tout mis sous ses pieds, les brebis comme les bœufs, et les animaux des champs, les oiseaux du ciel et les poissons de la mer, tout ce qui parcourt les sentiers des mers. Eternel, notre Seigneur! Que ton nom est magnifique sur toute la terre!

Prière à Dieu

Psaume 103

BENEDIC, anima mea, Domino (*ici l'on met le Nom de Dieu approprié au jour*) Domine Deus meus, magnificatus es vehementer. Confessionem et decorem induisti, induens lumen sicut vestimentum. Extendens cælos sicut cortinam, qui tegis aquis superiora ejus : qui ponis nubes cursum tuum ; qui ambulas super pennas venti : qui facis angelos tuos spiritus, ministros tuos ignem urentem. Fundasti terram super bases ejus, non commovebitur in æternum et semper abysso velut vestimento operuisti eam ; super montes stabunt aqua. Ab increpatione tua fagient ; a voce tonitrui tui præci pitabuntur ascendent montes, descendrnt valles, ad locum quem fundasti eis.

Terminum posuisti quem non transgredientur, neque revertentur ut operiant terram. Qui emittis fontes in convallibus ; inter montes ambulabunt potabunt omnes bestiæ agri ; et extinguent onagri sitim suam. Juxta illos volucres cæli habitabunt ; de medio frondium dabunt vocem. Inigans montes de excelsis suis ; de fructus operum tuorum satinbitur terra. Faciens germina re fœnum jumentis, et herbam servituti hominum, ut educant panem de terra, et vinum lætificet cor hominis : ut illustrent faciem oleo, et panis cor hominis confirmet. Saturabuntur ligna campi, cedri Libani quas plantavit : quoniam ibi passeres indificabunt : cicorice abietes domus ejus montes excelis cervis ; petra refugium cuniculis. Feusti lunam propter tempora ; sol cognovit occasum suum. Posuisti tenebras, et facta est nox ; in ipsa moyebuntur omnes bestiæ saltus : catuli leonum rugient ad prædant, et ut quærant a Deo escam suam. Orietur sol, et congregabuntur, et in habitaculis suis acumbent egredictur. Homo ad opus suum, et ad culturam suam usque ad vesperam.

Quam multiplicata sunt opera tua, Domine omnia illa in sapientia fecisti; impleta terra possessione tua. Hoc mare magnum et spatissum manibus; illu reptilia quorum non est numerus: et animalia pusilla cum magnis. Illu naves pertransibunt; Leviathan quem formasti ut videat in ipso omnia illa te expectant, ut des cibum eis in tempore suo dablis illis, colligent; aperies manum tuam, satiabuntur bono. Avertente autem te faciem tuam, turbabuntur; auferes spiritum eorum peribunt, et in pulverem suum revertentur.

Emittes spiritum tuum in me (*ici doit se nommer la personne qui prie*) et creabor, et renovabis faciem mecum. Sit gloria Domini in æternum; lætabitur Dominus in operibus suis. Qui respicit terram, et contremiscet; tangit montes, et fumabunt. Cantabo Domino in vita mea; psallam Deo meo quamdiu fuero. Jucundum sit ei eloquium meum; ego vero lœta latabor in Domino. Deficiant peccatores et terra, et impii amplius non sint. Benedic, anima mea, Domino. Alleluiyà.

Bénissez le Seigneur, ô mon âme (ici l'on met le Nom de Dieu approprié au jour)*! Seigneur mon Dieu! Vous avez fait paraître votre grandeur d'une manière bien éclatante; vous êtes tout environné de majesté et de gloire. Vous qui êtes revêtu de la lumière comme d'un vêtement, et qui étendez le ciel comme une tente. Vous qui couvrez d'eaux sa partie la plus élevée, qui montez sur les nuées, et qui marchez sur les ailes des vents. Vous qui rendez vos anges aussi prompts que les vents, et vos ministres aussi ardents que les flammes. Vous qui avez fondé la terre sur sa propre fermeté, sans qu'elle puisse jamais être renversée.*

L'abîme l'environne comme un vêtement; et les eaux s'élèvent comme des montagnes. Mais vos menaces les font fuir; et la voix de votre tonnerre les remplit de crainte. Elles s'élèvent comme des montagnes, et elles descendent comme des vallées dans le lieu que vous leur avez établi. Vous leur avez prescrit des bornes qu'elles ne passeront point; et elles ne reviendront point couvrir la terre. Vous conduisez les fontaines dans les vallées, et vous faites couler les eaux entre les montagnes. Elles servent à abreuver toutes les bêtes des champs; les ânes sauvages soupirent après elles dans leur soif. Sur leurs bords habitent les oiseaux du ciel; ils font entendre leur voix du milieu des rochers. Vous arroserez les montagnes des eaux qui tombent d'en haut; la terre sera rassasiée des fruits qui sont vos ouvrages. Vous produisez le foin pour les bêtes, et l'herbe pour servir à l'usage de l'homme. Vous faites sortir le pain de la terre, et le vin qui réjouit le cœur de l'homme. Vous lui donnez l'huile, afin qu'elle répande la joie sur son visage; et le pain, afin qu'il fortifie son cœur. Les arbres de la campagne seront nourris avec abondance, aussi bien que les cèdres du Liban que Dieu a plantés.

Les petits oiseaux y feront leurs nids: celui de la cigogne est comme le premier et le chef des autres. Les hautes montagnes servent de retraite aux cerfs, et les rochers aux hérissons. Il a fait la lune pour les temps qu'il lui a marqués; le soleil sait où il doit se coucher. Vous avez répandu les ténèbres; et la nuit a été faite: et c'est durant la nuit que toutes les bêtes de la forêt se répandent sur la terre; et que les petits des lions rugissent après leur proie, et cherchent la nourriture que Dieu leur a destinée. Le soleil se levant ensuite, elles se rassemblent, et vont se coucher dans leurs retraites. Alors l'homme sort pour aller faire son ouvrage, et travailler jusqu'au soir. Que vos œuvres sont grandes, Seigneur! Vous avez fait toutes choses avec une souveraine sagesse: la terre est toute remplie de vos biens. Dans cette mer si grande et d'une si vaste étendue se trouve un nombre infini de poissons, de grands et de petits animaux. C'est là que les navires passeront; là se promène ce monstre que vous avez formé, Seigneur! pour s'y jouer. Toutes les créatures attendent de vous que vous leur donniez leur nourriture, lorsque le temps en est venu. Lorsque vous la leur donnez, elles la recueillent; et lorsque vous ouvrez votre main, elles sont toutes remplies des effets de votre bonté. Mais si vous détournez d'elles votre face, elles seront troublées; vous leur ôterez l'esprit de vie; elles tomberont dans la défaillance, et retourneront dans leur poussière. Vous enverrez ensuite votre Esprit et votre souffle divin (ici doit se nommer la personne qui prie), *et elles seront créées de nouveau, et vous renouvellerez toute la face de la terre. Que la gloire du Seigneur soit célébrée dans tous les siècles: le Seigneur se réjouira dans ses ouvrages; lui qui regarde la terre, et la fait trembler; qui touche seulement les montagnes, et en fait sortir les flammes et la fumée. Je chanterai des cantiques à la gloire du Seigneur tant que je vivrai; je chanterai des hymnes à l'honneur de mon Dieu tant que je subsisterai.*

Que les paroles que je proférerai en son honneur puissent lui être agréables; pour moi, je trouverai toute ma joie dans le Seigneur. Que les pécheurs et les injustes soient effacés de dessus la terre, en sorte qu'ils ne soient plus. Ô mon âme! bénis le Seigneur.

Oraison [18] *p.* 17 [19]

OMNIPOTENS æterne Deus, qui totam créaturam condidisti in laudem tuam, et honorem tuum, administerium hominis, oro te atque obsecro, ut Spiritum (*ici on nomme l'Ange du jour*) emittere digneris, qui me doceat quo ilium cum justitia et pietate interrogavero verum, non mea fiat voluntas, sed tua; per nomen sanctissimum tuum, quid excaltetur per omnia secula.

Dieu Éternel Omnipotent, qui a formé toutes les créatures selon tes louanges et honneurs, et pour le Ministère de l'homme: je t'implore d'envoyer vers moi l'Esprit (ici on nomme l'Ange du jour) *afin qu'il puisse m'informer et m'enseigner sur les choses que je lui demanderai, et non selon ma volonté, mais la tienne, par ton Saint Nom qui est exalté pour les siècles des siècles.*

---

18   Cette Oraison diffère que très légèrement d'une Conjuration que l'on retrouve dans le Grimoire d'Armadel.

19   Dans le Manuscrit, ici est indiqué la page 17. L'auteur de cette transcription s'y référera ultérieurement.

Oraison à l'Ange

O BONE angele (*on nomme ici l'Ange du jour*) qui es præpositus diei (*on nomme le jour où l'on est*) te deprecor, ut dominum deum tuum et meum, qui in te potentium et fortitudinem super omnibus ingenium et vigorem posuit, supplices, ut concedere mihi dignetur hanc artem Kabalæ (*ou autre science*) et quod mihi assistas in meo auxilio, et accipias meum hoc nomen (*savoir le nom de la personne qui prie*) quod confirmo super te ut perficias omne meum velle, et illumines et doceas quæ operaturus ero in hac scientia. Amen, amen, amen. Fiat, fiat, fiat.

Oh bon Ange (on nomme ici l'Ange du jour) *qui régit le jour* (on nomme le jour où l'on est), *je te prie, comme le Seigneur ton Dieu et le mien, qui est toute ma puissance, ma force sur tout et vitalité, je te demande humblement de m'accorder Seigneur cet Art de la Cabale* (ou autre science) *et d'accepter de m'assister, moi* (savoir le nom de la personne qui prie) *et confirmez accomplir tous mes désirs et m'illuminer et m'enseigner les choses nécessaires pour opérer cette connaissance, par le Seigneur. Amen, amen, amen. Tel soit, tel soit, tel soit.*

De la Cabale Mixte
Seconde Partie

De la Cabale Mixte

Seconde Partie

DANS cette seconde partie, il s'agit de traiter des Sceaux, des Pentacles ou Heptacles, qu'on doit porter sur soi, suspendu au col, pour obtenir les grâces qu'on demande. Pour les composer d'une manière qui soit suivie du succès désiré, il faut être préparé comme nous avons dit dans la Première Partie, et s'abstenir de tout péché pendant sept lunaisons. Ce nombre étant mystérieux et de grande valeur. Et donc, dans les Opérations Cabalistiques, il faudra avoir soin de ne pas se servir de ces choses que dans des cas de grande nécessité, et d'éviter de faire des épreuves de pure curiosité, car cela tournerait au détriment de la personne qui les ferait ainsi, car il est écrit *Non accipies nomendei tui in vanum* [20].

---

20   Exode 20:7 — Tu ne prendras point le nom de l'Éternel, ton Dieu, en vain...

Des matières propres à ces Opérations

*I*L y a trois différentes matières, qu'on peut employer pour composer les Heptacles dont il est ici question ; savoir, de l'or pur, l'argent pur, et la cire vierge. Sur chacun desquels on grave les versets de l'Écriture appropriés à l'effet qu'on veut obtenir, avec les Noms de Dieu et des Anges nécessaires à cet effet, comme nous le dirons ci-après. Et quiconque formera ces Heptacles avec un cœur pur, et de la façon que nous disons, sera étonné de leur efficacité, laquelle est très supérieure à d'autres Opérations de ce genre.

Pour toutes les maladies et infirmités du corps, il faudra employer [de] la cire vierge très pure et très nette. Quant aux autres effets, on pourra employer l'or ou l'argent, mais l'or surtout quand on voudra obtenir une grâce de quelque Prince.

Opération

*O*N commence par se proposer l'objet que l'on désire obtenir, comme : bienveillance, amitié, honneurs, richesses, santé, victoire sur les ennemis, science, divination, révélation, et choses semblables. On choisit une des trois matières ci-dessus nommées, et quoiqu'il soit bon de commencer dans un Samedi, cependant, le Pentacle aura beaucoup plus d'effets s'il (sera) [était] commencé dans un jour où domine une planète qui influe directement sur l'objet de la demande, comme dans l'exemple ci-après. Ayant donc choisi un jour analogue, on aura tout prêt avant le lever du Soleil; un feu neuf allumé pour purifier la matière et, avant de la mettre au feu, on la bénira en récitant par-dessus la prière suivante, sept fois.

Prière de la Bénédiction [21]

[3] DOMINE quam multiplicati sunt tribulantes me, multi insurgentes adversum me multi dicunt animæ meæ, non est salus ipsi in Deo sela tu autem Domine susceptor es promé, gloria mea, et exaltans caput meum voce mea ad Dominum clamabo, et respondet mihi de monte sanctitatis ejus. Ego janci et dormivi, exsurrexi quoniam Dominus sustentabit me non timebo prætia populorum qui in circuitu positi sunt ad-

---

21   Cette prière est composée des Psaumes 3, 23, 83, 132 et 133, dont la provenance des passages est indiquée entre crochets.

versum me. Exsurge Domine, salvum me fac Deus meus quoniam percussisti omnes inimicos meos in maxilla dentes impiorum confregisti Domini est salus super hanc créaturam (*ici on nomme la matière*) benedictio tua sela. [133] Ecce nimi benedicite Dominum omnes servi Domini; qui statis in domo Domini in noctibus extollite manus vestras ad sanctitatem et benedicite Domino benedicat te créatura (*ici le nom de la matière*) Dominus ex Sion qui fecit cælum et terram stæc créatura (*ici encore le nom de la matière*). [23] Accipiet benedictionem a Domino, et misericordiam a Deo salutari suo [83] Etenim benedictionem dabit legislator, ibunt de virtute in virtutem (*on nomme ici la matière*) videbitur Deus deorum in Sion. [132] Quoniam illic mandavit Dominus benedictionem et vitam usque in seculum.

[3] *Seigneur! pourquoi le nombre de ceux qui me persécutent s'est-il si fort augmenté? Une multitude d'ennemis s'élèvent contre moi. Plusieurs disent à mon âme: Elle n'a point de salut à espérer de son Dieu. Mais vous, Seigneur! vous êtes mon protecteur et ma gloire; et vous élevez ma tête. J'ai élevé ma voix vers le Seigneur, et il m'a exaucé de sa montagne sainte. Je me suis endormi, et j'ai été assoupi; et ensuite je me suis levé, parce que le Seigneur m'a pris en sa protection. Je*

*ne craindrai point ces milliers de peuples qui m'environ-
nent. Levez-vous, Seigneur! sauvez-moi, mon Dieu! car
vous avez frappé tous ceux qui se déclaraient contre moi
sans raison, vous avez brisé les dents des pécheurs. C'est
au Seigneur qu'appartient le salut; daignez sur votre
créature* (ici on nomme la matière) *répandre votre
bénédiction.* [133] *Bénissez maintenant le Seigneur,
vous tous qui êtes les serviteurs du Seigneur. Vous qui
demeurez dans la maison du Seigneur, dans les parvis
de la maison de notre Dieu; durant les nuits. Élevez vos
mains vers le sanctuaire, et bénissez le Seigneur. Que le
Seigneur te bénisse de Sion, créature* (ici le nom de la
matière), *lui qui a fait le ciel et la terre, et cette créature*
(ici encore le nom de la matière). [23] *C'est celui-là
qui recevra du Seigneur la bénédiction, et qui obtiendra
miséricorde de Dieu, son Sauveur.* [83] *Ils s'avanceront
de vertu en vertu* (on nomme ici la matière); *et ils
verront le Dieu des dieux dans Sion.* [132] *Car c'est là
que le Seigneur a ordonné que fût la bénédiction et la
vie jusque dans l'éternité.*

Oremus

SAPIENTIÂ tuâ Domine Deus cuncta disposita utque omnia tua virtute et gratia perficiantur, créaturam istam (*ici on met le nom de la ma-*

tière) benedict Domine et sanctifica, ut in conspectu tuo quid quid eis peragimus ad omnium inimicorum tuorum tuorum incursus exsurgamus victores per nomen sanctis simum tuum quod exaltatum sit in sæcula anien.

Oh Éternel. Par ta puissance et par ta sagesse, la grâce de Dieu a vu que tout devait être achevé et que tout était fait, cette créature (ici on met le nom de la matière). Bénis, Seigneur, et sanctifie tes serviteurs dans l'attaque de leurs ennemis devant toi, de tout ce qui leur est fait, par le nom des saints qui est exalté est toujours et les siècles.

Après avoir récité cette bénédiction sept fois sur la matière, comme nous avons dit ci-dessus, en couvrant la matière de la main droite, [sans] pourtant la toucher, on la jette sur le feu dans un pot neuf, soit de terre ou de feu, et aussitôt qu'elle est sur le feu, on lui fait des fumigations odoriférantes, si c'est pour obtenir le bien, ou bien puantes, si c'est pour le mal. Immédiatement après la fumigation et pendant que la matière se fond sur le feu, il faut réciter les deux Oraisons qui sont ici à la page 17[22], ayant soin d'y changer les Noms

---

22   Voir la note n° 19.

de Dieu et des Anges analogues aux journées et à l'objet que l'on se propose.

Remarquez que, pendant les fumigations qui doivent aussi se faire chaque jour sept fois, on prononce sera à chaque fumigation les versets de l'Écriture analogues à l'objet pour lequel on travaille, tels qu'on les verra ci-après.

Cela fait, dès qu'on verra que la cire est fondue ou que les métaux sont bien rouges, on les jettera dans du vin blanc acheté à cet effet expressément, ce qui s'appelle purifier la matière. Cette purification se répète tous les matins, sept fois de la même manière, et avec les mêmes prières, dans lesquelles on ne change que les noms du jour, comme nous l'avons observé ci-dessus. Et tout cela se répète pendant sept jours consécutifs, mais dans le dernier, au lieu d'employer du vin blanc pour purifier la matière, on se servira d'eaurose bénite[23].

Remarquez encore que, à l'instant que vous jetez la matière dans le vin blanc ou dans l'eau de rose, il faut aussi réciter de nouveau les mêmes versets de l'Écriture qu'on a récités pendant les fumigations. Cette opération se fait toujours tourné du côté du levant.

---

23   Eau de Rose bénite. Tel quel dans le Manuscrit.

La matière ayant été ainsi bénie et purifiée, avec beaucoup de dévotion, et avec une forte intention de lui implanter la vertu que l'on désire, on attendra le huitième jour, dans lequel, toujours avant le lever du Soleil, on allumera le feu [et] on le bénira en disant :

*B*ENEDIC Domine hanc créaturam ignis, ut valeat ad effectum quem peto a bonitate tua atque omnipotentia tua per nomen sanctissimum tuum quod exaltetur per omnia secula, amen.

Bénis, ô Seigneur, cette créature de feu, à la valeur et à l'effet desquels je demande la bonté de votre Toute-Puissance, par ton nom Très-Saint Nom, qui est exalté à travers les siècles, amen.

On met ensuite la matière sur le feu ou dans le feu. On la suffumigue sept fois en répétant à chaque fois les versets de l'Écriture appropriés au sujet. Et pendant que la matière se fond, on récite l'Oraison à Dieu et à l'Ange du jour (p. 17), et quand on verra qu'elle est fondue, on la jettera dans le moule qu'on aura préparé d'avance à cet effet ; et en même temps, on récitera de nouveau les versets de l'Écriture, ajoutant les paroles suivantes :

*O*MNIPOTENS æterne Deus esto propitius mihi N.N. famulo tuo, et vos omnes angeli dei, quorum nomina inscripta manent in hoc signaculo (*ici on met le nom de la matière*) estote mihi in auxilium ad obtinendum (*on nomme ici ce que l'on désire obtenir*) per sanctissima nomine et per omnes virtutes domini dei créatoris nostri, qui exaltetur in secula.

Dieu Tout-Puissant et Éternel, soyez miséricordieux envers moi N. N. votre serviteur, et vous tous, les Anges de Dieu, dont les Noms restent également dans ce Sceau (ici on met le nom de la matière). *Soyez-moi propice pour obtenir* (on nomme ici ce que l'on désire obtenir) *par votre Très-Saint Nom, et par toutes les vertus du Seigneur Dieu, Créateur de cette matière, qui est exalté à travers les siècles.*

Si la matière dont on fait le Pentacle est de la cire, on y mêle, pendant qu'elle est fondue, les ingrédients analogues au mal qu'on veut guérir; comme par exemple, lorsqu'il s'agit de plaies ou ulcères, on y mêle de l'huile rosat et autres propres à cela; et ainsi des autres maux. On applique cette cire sur le mal qui se trouvera guéri en sept jours, sans faute. On doit surtout remarquer [que] l'avantage bien précieux qu'il y a dans les Pentacles de cire est qu'ils peuvent aussi être utiles pour une tierce personne, quoiqu'elle soit éloignée, pourvu que dans les prières on fasse mention de cette circonstance. Pour obtenir cet effet, on fait venir du sang de la personne malade absente, on y tient le Pentacle dessus, et l'on récite les paroles suivantes :

*E*STO nobis Domine pater liberator noster in omnibus infirmitatibus nostris propter ineffabilem misericordiam tuam et vos angeli dei potentes virtute qui facitis voluntatem ejus et quorum nomina inscripta manent in hoc signaculi, adjuro vos ut per omnia que ipse créativit ideo, et per virtutem vestram auxilium statim adferatis (*ici on nomme la personne malade*) ut salvus et liber evadat ab infirmitate sua (*ici l'on nomme la maladie et la partie malade, si le mal occupe quelque partie particulière du corps*) quâ corpus suum nunc laborat, et ab omnimalo. Amen, amen, amen.

Sois Notre-Seigneur, le Père Libérateur et Miséricordieux, dans toutes nos infirmités ; et vous, puissants Anges de Dieu, qui accomplissez sa volonté et dont les Noms demeurent inscrits dans ce Sceau, vous implore en vertu et par tout ce qu'Il a créé, d'apporter votre aide immédiate à (ici on nomme la personne malade) *afin d'être sauvé et délivré de son infirmité* (ici l'on nomme la maladie et la partie malade, si le mal occupe quelque partie particulière du corps) *et dans lequel le corps de travailler urgemment. Amen, amen, amen.*

Ensuite, on finit par réciter les versets de l'Écriture appropriés au mal, et qui sont aussi écrit sur le Pentacle.

Cette manière de guérir les maladies tient un peu de la sympathie, ainsi que cela se trouve expliqué dans les livres des Secrets de la Nature et des Physiciens. Et quoique cela paraisse impossible à ceux qui ne savent pas pénétrer les Secrets du Mystère Mixte, nous devons pourtant croire que cela se fait ainsi, parce que les Opérations par lesquelles nous entendons rectifier ou altérer l'état d'un sujet éloigné sur lequel nous travaillons, ont une correspondance directe, et une tendance à ce même effet pour lequel elles sont faites expressément; de manière qu'elles agissent sur le sujet éloigné avec d'autant plus de force que l'intention de l'opérateur est plus forte; en [au]tant qu'une partie du même sujet se trouve sous la main de l'opérateur, et [qu'il] retient une portion des esprits subtils de l'individu malade sur lesquels agissent les paroles appropriées à son état ; et, par là, communiquent leur effet. Car les paroles seules seraient inanimées, au lieu que [lorsque] proférées sur la chose, ou sur une partie de la chose, elles deviennent animées et efficaces, et produisent le bien ou le mal qu'on entend de produire.

De la manière de faire le Pentacle ou Heptacle

ON appelle Heptacle ce Pentacle, parce qu'il [est] composé de sept angles comme on le voit dans la figure ci-contre. Dans les premiers angles, autour de la circonférence, on y écrit les sept Noms de Dieu en commençant par ELOHIM GIBOR, et ensuite les autres. Ensuite, plus en dedans, on écrit les Noms des sept Anges de Dieu et, enfin, dans le centre, on écrit les versets de l'Écriture appropriés à la chose que nous demandons, tels qu'on les trouvera décrits ci-après.

Nous avons dit ci-dessus que l'on pourrait commencer l'opération par un Samedi, et la terminer par le Samedi suivant qui, comme l'on sait, est le dernier jour après la Création, on le creature s'est

Forme du Pentacle

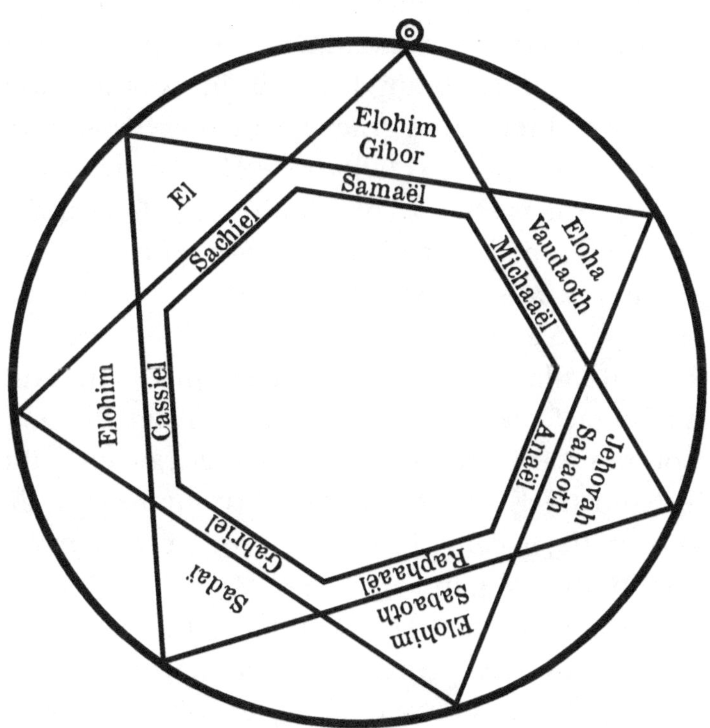

N.B. On pourra aussi écrire tous ces Noms en hébreu, ce qui n'en vaudra que mieux ; cette langue étant préférée par les Esprits.

complu dans ses ouvrages[24]. Mais si l'on veut faire des Pentacles qui aient une force beaucoup plus grande, on les commencera dans le jour d'une planète dont l'influence est favorable à l'objet que l'on se propose. Par exemple, en supposant que l'on veuille former un Pentacle dans l'intention propre à obtenir une grâce de quelque Prince, on le commencera dans le jour de Dimanche, avant le lever du Soleil, et l'on continuera l'Opération pendant sept jours. Et l'huitième jour, qui sera le Dimanche suivant, on formera le Pentacle de la manière que nous avons dit, en observant toujours de placer, dans la première place du haut du Pentacle, le Nom de Dieu et de l'Ange du jour. Comme dans cet exemple, on mettrait en haut le Nom de Eloha Vaudaotte[25] pour le jour de Dimanche, et celui de Michaël qui est son correspondant de ce jour.

Pareillement, si on voulait être victorieux contre des adversaires, des ennemis, ou dans des procès, on mettra en haut le Nom de Elohim Gibor, et au-dessous, on mettra le Nom de

---

24   *On le creature s'est complu dans ses ouvrages.* Cette dernière remarque, plutôt obscure, est écrite telle quelle dans le Manuscrit.

25   Eloah V'Daath.

SAMAËL, qui est l'Ange de Mars ; et dans ce cas l'on commencerait son Opération le Mardi.

On voit, par tout ce que nous venons de dire, que cette seconde partie de la Cabale Mixte, étant un peu compliquée, il sera nécessaire de la bien étudier pour ne pas se tromper en la mettant en exécution. Et pour en être plus sûr, il sera très utile et très commode de se faire un formulaire pour chaque jour, afin d'y adapter les prières. Et l'on verra par l'expérience que l'on sera bien dédommagé des peines que l'on se sera données par les résultats merveilleux que l'on obtiendra.

Enfin, on doit observer en dernier lieu que l'effet que nous désirons, devant s'opérer hors de nous, nous obtenons par la fixation des yeux sur les personnes, et par l'attouchement du corps, si l'on peut, et autres choses semblables.

❖

Propriétés des Versets de l'Écriture[26]

n° 1
[Psalmi 2:7-8]
Pour être bien reçu des Princes seigneurs et autres.

Narrabo statutum, Dominus dixit ad me Filius meus es tu ego hodie genui te, postula a mes et dabo gentes hæreditatem tuam, et possessionessi tuam terminos terræ.

n° 2
[Psalmi 20:14]
Pour être bien accueilli de tous les hommes.

Exultabimus Domine in virtute tua cantabimus et psallemus potentiam tuam.

---

26 Après de longues et ardues recherches, j'ai repéré les Psaumes d'où furent extraits les versets, et j'ai indiqué leur provenance entre crochets. Celui qui souhaitera les utiliser dans sa langue maternelle, ou toute autre langue que le latin, pourra, je l'espère, s'y retrouver plus facilement.

n° 3
[Psalmi 40:3]
Pour être élevé aux dignités du monde.

Dominus custodiet eum et vivificabit eum beatus fiet in terra, et non trades eum in animam inimicorum ejus.

n° 4
[Psalmi 46:3-4]
Pour être agréable à tous les hommes et obtenir leurs faveurs.

Quoniam Dominus excelsus terribiles, rex magnus super omnem terram, comprimet populos sub nobis, et regna sub pedibus nostris.

n° 5
[Psalmi 71:7-8]
Pour obtenir l'affection des Princes seigneurs et de tous les hommes, et leur être agréable.

Florebit in diebus suis justus, et multitudo pans donec non sit luna, et dominabitur a mari usque ad mare, et a flumine usque ad terminos terræ.

n° 6

[Psalmi 91:11-13]
Pour être nommé aux dignités de ce monde.

Exaltabitur sicut unicornis cornu meum conspersus sum oleo viridi, justus ut palma florebit ; sicut cedrus Libani multiplicabitur.

n° 7

[Psalmi 72:23-24]
Pour qu'une personne ne puisse pas te refuser une demande honnête.

Et ego semper tecum. Tennisti manum dexteram meam, in consilium tuum deduces me, et postea in gloria assumes me.

n° 8

[Psalmi 3:6-7]
Pour résister aux ennemis domestiques.

Ego jacui et dormivi, exsurrexi quoniam Dominus sustentabit me, non timebo prælia populorum qui in circuita posti sunt adversum me.

n° 9
{Psalmi 5:5-7}
Pour dérouter les hommes menteurs ou traîtres.

Quoniam non Deus volens iniquitatem tu es, non habitabit juxta te malignus, perdes loquentes mendacium, virum sanguinis et fraudis abominabitur Dominus.

n° 10
{Psalmi 9:16}
Pour retrouver les choses occultes.

Immenæ sunt gentes infoveâ, quam fecerunt; in rete, quam absconderunt, captus est pes corum, notum Dominus fecit judicium : in opere palmarum suarum illaqueatus est impius sela.

n° 11
{Psalmi 15:5-6}
Pour prospérer en toutes choses.

Dominus sors partis meæ, et calicis mei, tu sustentabis sortem meam, funes ceciderunt mihi in junindis, insuper hæreditas præclara mihi.

n° 12
{Psalmi 70-12}
Pour être délivré de toute contrariété et tribulation.

Ne elongeris a me, quoniam tribulatio proxima quoniam non est qui me adjuvet tu autem
Domine ne elongeris, fortitudo mea in auxilium
meum festina.

n° 13
{Psalmi 19:6-7}
Pour savoir si un malade doit mourir ou vivre.

N.B. S'il doit survivre, on aura la réponse
dans le jour, sinon il mourra.

Excultabimus Domine in salute tua; et in
nomine dei nostri erigens vexillum, impleat
Dominus omnes petitiones tuas.

n° 14
{Psalmus 23:1-4}
*Pour être en sûreté en passant par des lieux suspects et
dangereux.*

Dominus pastor meus, animam meam restituet diriget me per semitas justitive propter
nomen suum, etiam cum ambulavero per val-

lem tenebrosam non timebo malum, quoniam
tu mecum es virga tua, et pedemtuum ipsa me
consolabuntur.

n° 15
{Psalmi 22:5-6}
Pour être pourvu d'aliments et d'habillement.

Domine ordinabis, in conspectu meo mensam
adversus tribulantes me; impinguasti in oleo caput meum: calix meus superabum dans verum
tamenbonitas, et misericordia sequentur me omnibus diebus vitæ meæ; et quiescam in domo
Domini in longitudine dierum.

n° 16
{Psalmi 24:13-15}
Pour faire reposer un malade.

Anima ejus in bono dormiet, et sermen
ejus hæreditabit terram, oculi mei semper ad
Dominum, quoniam ipse educet exrete pedes
meos.

n° 17
{Psalmi 31:9}
Pour ne pas être mordu d'aucun chien ou serpent.

Ille sitis sicut equus et mulus, in quibus non est intellectus, in chamo et fræno maxillam ejus ut constringas, ne appropimquet ad te.

n° 18
{Psalmi 34:5-6}
Contre les persécutions des hommes puissants et des tyrans.

Sint sicut pulvis ante faciem venti, et angelus Domini expellens, sit via illorum tenebræ et lubricum, et angelus Domini persequens eos.

n° 19
{Psalmi 35:8-10}
Pour faire qu'une femme en mal d'enfant accouche sans douleur.

Quam pretiosa misericordia tua, Deus, et filii adam in umbra alarum tuarum confident, quoniam tucum fons vitæ, in lumine tuo videbitur lumen.

n° 20
{Psalmi 36:39-40}
Pour confondre un ennemi qui viendrait armé contre nous, et ne nuise pas.

Salus autem justorum a Domino ; fortitudo
eorum in tempore tribulationis, et adjuvabis illos
Dominus, et eripiet illos eripiet illos ab impiis et
salvabit eos, quia speraverunt in eo.

n⁰ **21**
{Psalmi 46:3-5}
Pour être heureux dans toutes ses affaires.

Quoniam Dominus excelsus, terribilis, rex
magnus super omnem terram, seliget nobis,
hæreditatem nostram, magnificentiam Jacob
quem dilexit.

n⁰ **22**
{Psalmi 57:11-12}
*Pour se garantir des méchants juges qui persécutent
iniqt*[27] *le pauvre.*

Lætabitur justus quoniam vidit ultionem plantas suas lavabit in sanguine impii, et dicet homo
utique est fructus justo, utique est Deus judexe
in terra.

---

27   Tel quel dans le Ms. Possiblement ...*qui persécutent
d'iniquités le pauvre.*

n° 23
[Psalmi 61:11-13]
Pour obtenir les choses nécessaires à la vie.

Nolite sperare in calumnia et rapina : nolite
fieri vanitas divitiæ cum, affluant nolite cor apponere. Et est tibi, Domine, misericordia quoniam
tu reddes viro seumdum opera ejus.

n° 24
[Psalmi 62:5-6]
Pour que l'homme soit comblé des biens dans sa famille.

Sic benedicam te Domine in vita mea, in nomine tuo extottam palmas meas. Sicut adipe et pinguedine satiabitur anima mea, et cum labiis ex-
sultationis laudabit os meum.

n° 25
[Psalmi 64:12-14]
Pour obtenir en abondance les fruits de la terre.
Coronasti annum botanis tuæ, es vestigia tua
stillabunt pinguedinem, vestient planities pecora,
et valles operien tua frumento jubilabunt atque
canent.

n° 26
[Psalmi 64:10-11]
Pour obtenir la pluie dans le temps convenable.

Visitasti terram, et irrigasti eam ; plurimum dotasti eam, rivolus dei repletus est aquis præparabis frumentum eorum quonicam sic præparabis eam, sulcos ejus inebria aqua cumulos ejus, imbribus libricam eam redde germini ejus benedices.

n° 27
[Psalmi 65:4-5]
Pour louer Dieu de ce qu'il nous a accordé les biens de la terre, et par là, obtenir à l'avenir ces biens plus abondamment.

Omnis terra adoret te, et psallat tibi ; psallat nomini tuo sela, venite et vidite opera dei : terribilis opere super filies adam.

n° 28
[Psalmi 66:7-8]
Pour remercier Dieu de l'abondance des fruits de la terre.

Terra dedit germen suum, benedicat nos Deus, Deus noster, celebrabunt te populi Deus, celebrabunt te populi omnes.

n° 29
[Psalmi 67:23]
*Contre les dangers des eaux de la mer, et pour en être
sauvé vite.*

Dixit Dominus, ex Basan convertam, convertam de profundis maris.

n° 30
[Psalmi 84:12-13]
Pour être heureux à faire toutes choses.

Veritas de terra germinabit, et justitio de cælo
prospexit. Etiam Dominus dabit bonum et terra
nostra dabit fructum suum.

n° 31
[Psalmi 90:1-2]
Pour avoir Dieu en sa garde.

Habitans in abdito altissimi, in umbra omnipotentis commorabitur, dicam Domino spes mea,
et munimentum meum, Deus meus confidam in
eo.

n° 32
[Psalmi 90:3-5]
Contre les armes.

Quoniam ipse liberabit me de laqueo venantis, a peste pravitatum a la sua operiet me et sub pennis ejus condidam, scutum et parma veritas ejus.

n° 33
[Psalmi 90:11-12]
Pour être en sûreté dans tous ses voyages.

Quoniam angelos suos præcipiet adesse mihi ut custodiant me omnibus viis meis, super palmas portabunt me, ne forte offendam in lapidem pedem meum.

n° 34
[Psalmi 90:13-14]
Pour être garanti de toutes bêtes et serpents.

Super leonem, et aspidem iteo facies, conculcabis catulum leonis, et draconem, quoniam me concupivit eripiam eum protegam eum, quoniam cognovit nomen meum.

n° 35
{Psalmi 90:15-16}
Pour conserver sa vie avec ses biens et honneurs.

Invocabit me, et respendebo illi cum ipso sum in tribulatione, eripiam eum, et glorificabo eum, longitudine dierum saticabo eum, et ostendam illi salutem meam.

n° 36
{Psalmi 102:7-8}
Pour obtenir la sagesse de Dieu.

Notas fecit vias suas Moysi; filiis Israel studia ejus, plus et plenus gratia, Dominus lentus ira, et magnus misericordia.

n° 37
{Psalmi 112:7-8}
Pour sortir de la pauvreté et être élevé aux honneurs et richesses.

Elevans de pulvere inopem, de stercoribus exultabis mendicum, ut collocet eum cum principibus, cum principibus populi sui.

n° 38
[Psalmi 142]

Pour comparaître en jugement avec fermeté contre des
fausses accusations.

Il faudra se laver le visage et les mains avant le lever du Soleil, ensuite suffumiguer tous ses habits avec des choses odoriférantes; et alors, on pourra aller avec confiance en Dieu, par devant les juges, et l'on tâchera d'avoir toujours en allant, les versets suivants dans le cœur et dans la bouche :

Domine judica causam animæ meæ, et libera vitam meam respice Domine quantam injustitiam mihi impovit, et adjuva meum [e]jus.

Et tu verras comment le Seigneur exauce ceux qui ont confiance en lui.

n° 39
[Psalmi 10:3-4]

Pour se sauver des corsaires et des assassins.

Quoniam ecce impii intendent arcum; præpara verunt sagittois corum super nervum, ut sagittent rectos corde, quoniam justus Dominus justitias diligit, rectum aspiciet vultus ejus.

n° 40
[Psalmi 12:4-5]
Pour le même objet.

Respice, responde mihi, Domine Deus meus, illumina occulos meos, ne quando obdormam in morte; ne quando dicat inimicus meus: prævalui adversus eum, tribulantes me exsultabunt, eum lapsu fuero.

n° 41
[Psalmi 17:3-4]
Contre les voleurs de grand chemin.

Dominus rupes mea et propugnaculum meum et eripiens me sua scutum meum, et cornu salutis meæ, protecttio mea, laudatus invocabo Dominum, et ab inimicis meis salvus ero.

n° 42
[Psalmi 25:11-12]
Pour se délivrer des ennemis, lorsqu'on est au milieu d'eux; on prononcera aussi ces versets.

Ego autem in innocentia mea ambulabo; redime me, et miserere mei, pes meus stetit in rectitudine, in excelsis benedicam domino.

n° 43
[Psalmi 50:8]

Pour savoir une chose occulte.

Tu prendras un anneau sans chaton ni pierre,
tu l'attacheras à un fil, et tu le tiendras suspendu
au milieu d'un verre d'eau, et tu diras :
Ecce veritatem direxisti ; in intentionibus, et
in occultis sapientiam notam mihi facias.

n° 44
[Psalmi 67:2]

Pour arrêter des serpents, afin qu'ils ne bougent pas.

Exsurgat Deus et dissipentur inimici ejus.
Quand on voudra les faire partir, on dira :
Et figiant qui oderunt eum a facie ejus.

n° 45
[Psalmus Asaphi]

Pour gagner un procès.

Deus adstat in congregatione judicis, in medio deorum judicabit usquequo judicabitis iniquitatem, et facies impiorum suscipietis.

Versets pour les Maladies et Infirmités

n° 1
[Psalmi 50:16]
Contre l'hémorragie du nez et de toute autre partie du corps.

Libera me de sanguinibus, Deus, Deus salutis meæ, cantabit lingua mea justitiam tuam.

n° 2
[Psalmi 12:6]
Pour délivrer un malade de toute infirmité.

Præ vastitatem pauperum præ gemitu mendicorum exurgam dicit Dominus, poriam in salute loguetuo pro se ipso.

n° 3
[Psalmi 17:5-6-36]
Idem.

Quoniam circumdederunt dolores mortis, et congregationes beliam perterruerunt me, dolores inferni circumdederunt me; prævenerunt offendiculo mortis, et dedisti mihi scutum salubis

tua et dexterâ tuâ confortasti me, et mansuetu-
dim tuâ multiplicastime.

n° 4
[Psalmi 29:3-4]
Contre la fièvre maligne.

Domine Deus meus clamavi ad te, et sanasti
me Domine exaltasti ex inferno animam meum
vivificati me, ne descenderem inputeum.

n° 5
[Psalmi 33:13]
Pour le mal aux dents et la facture des os.

Quis est viv qui vult vitam; diligit dies et videat bonum, custodit omnia ossa ejus unum exe-
bis non est fractum.

n° 6
[Psalmi 37:11]
Pour le mal aux yeux.

Cor meum circuivit, dereliquit me virtus mea,
et lumen oculorum meorum, insuper etiam ipsi
non sunt mecum.

n° 7
[Psalmi 37:4-5]
Pour le mal caduc.

Non est sanitas in carne mea, a facie iræ tuæ; non est pax ossibus meis, a facie peccati mei, quoniam iniquitates meæ supergressæ sunt caput meum, sicut onus grave ponderosiores faitæ sunt super me.

n° 8
[Psalmi 40:4-5]
Contre la fièvre.

Dominus confortabit eum super stratum doloris † universum cubile ejus † convertisti in infirmitate ejus. Ego dixi Domine, miserere mei; sana animam quassivis peccaverim tibi.

n° 9
[Psalmi 50:16]
Contre toute hémorragie.

Libera me de sanguinibus Deus salutis.

n° 10
[Psalmi 55:5]
Contre une hémorragie de femme.

In Deo, laudabo verbum ejus, in Deo speravi, non timebo quid faciat caro mihi.

n° 11
[Psalmi 88:18]
Pour le mal de tête.

Quoniam gloria virtutis eorum tu et in voluntate tua exaltabis cornu nostrum.

n° 12
[Psalmi 105:4]
Pour la fièvre tierce.

Memento mii Domine in bona voluntate ergo populum tuum, visita me in salute tua.

n° 13
[Psalmi 106:20-21]
Pour la fièvre continue.

Misit verbum suum, et sanavit eos, et libera vit a corruptionibus eos, manifestent Domino misericordiam eius, et mirabilia eius filii hominum.

n° 14

{Psalmi[28]}

Pour guérir en peu de temps toute blessure ou plaie.

Domine omnia ate veniant tua gratia, que niam nos sanat, neque germen, neque ceratum sed verbum tuum est illud justum, et illud quod sanat omnem rem.

---

28   Je n'ai trouvé aucune correspondance exacte de ce verset ; cependant tous les versets contre les maux physiques, tels que ceux des Psaumes 107 : 20 ou 147 : 3, feraient aussi bien dans ce cas.

De la Cabale Mixte
Troisième Partie

De la Cabale Mixte

Troisième Partie

CETTE troisième partie, qui contient l'Art Angélique, nous indique assez, par son nom seul, combien il faut vivre purement et saintement avant que de la commencer ; se figurant toujours d'être en la compagnie des Anges de Dieu, et en observant un maintien tel qui nous convient d'avoir avec eux, comme s'ils étaient réellement devant nous, et visibles à nos yeux.

Le jour, donc, qu'on voudra faire cette Opération, on tâchera d'être exempt de tout péché, même de tout péché véniel ; on aura l'esprit tout occupé de ce que l'on va faire, et l'on sera pénétré d'une véritable croyance et humilité, en répétant souvent, depuis le lever du Soleil jusqu'au coucher :

OMNIPOTENS æterne Deus fons misericordiæ propitius esto mihi famulo tuo quem créare dignatus es.

Signum Dei Viventis

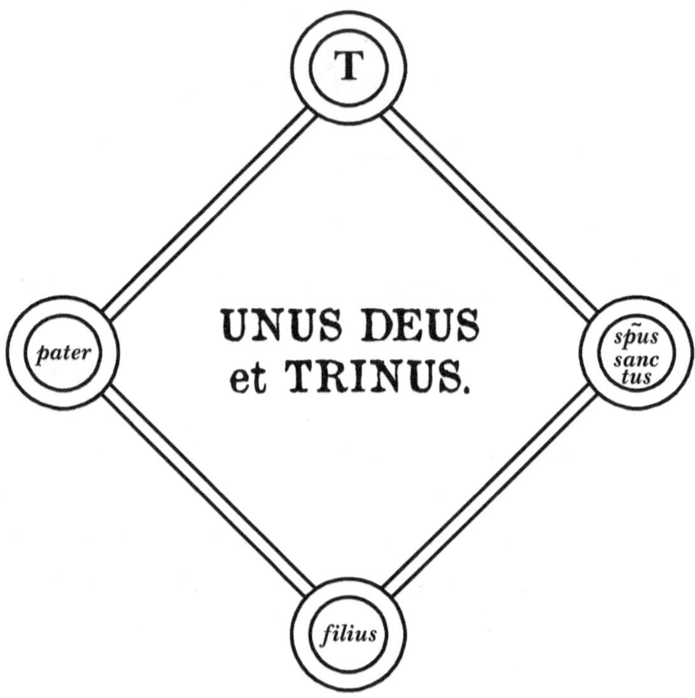

On aura soin de jeûner ce jour-là, et de ne manger qu'à l'heure permise dans les jours de jeûne. Lorsque la nuit de ce jour-là sera venue, il[29] entrera seul dans sa chambre, qui doit être

---

29   L'opérateur. À partir d'ici les instructions sont rédigées à la troisième personne.

entretenue très propre, et dans laquelle, ce jour-là, il ne soit entré personne. En entrant dans sa chambre, il aura un encensoir à la main dans lequel il aura mis de l'encens blanc[30], du mastic, du bois d'aloé[31], et autres odeurs, et il encensera toute la pièce et les autres pièces son habitation, s'il y en a. Ensuite, il rentrera dans la chambre, toujours en encensant par tous les coins. Dès qu'il aura fini d'encenser, il se déshabillera tout à fait et, se mettant à genoux devant une image de Dieu avec un cierge bénit dans la main droite, il récitera avec beaucoup de dévotion et d'humilité la prière suivante:

Prière à Dieu

DOMINE Deus rex cæli et terra, et universi créator, qui solo verbo cunita créasti et hominem ex limo terre ad imaginum et similitudinem tucum formasti, et angelos tibi administratores eligisti, ut custodiant eum in omnibus viis tuis, ut homo politus ambulet in lege dei sui, nec prævaricet in inandatis tuis, tues ille Deus,

---

30   Plus que probable, de l'oliban.
31   Tel quel dans le Ms. Bois d'aloès.

cui obediunt cunctæ angeluæ créaturæ, quæ tibi
assistunt dicentes sanctus, sanctus, sanctus, Deus
fortis et immortalis qui es fuisti et eris in æternum ~~~ tu es ille Deus qui dixistiore tuo sanctissimo petite et accipietis et dabitur vobis, omni-
potenticum tuam humiliter deprecor, ut mittere
digneris in hac nocte in jomno angelum tuum de
cælo, qui meregat omni tempore vitæ mea, et instruat me circa illa, quæ ad laudem et honorem
tuum facturus sum, et quæ sum fugiturus pro
salute animæ, et illa quæ illi sum dicturus rogo
clementiam tuam odomine Deus rex cæli et terræ
ut eruas opprobrium et contemptum animæ, ut
simpurus ante conspectum tuum, et conspectum
angelorum tuorum. Amen.

Quand cette prière sera finie, on aura tout
prêt le signe du Dieu vivant, fait sur du papier
bénit, écrit avec de l'encre nouvelle bénite, et une
plume de colombe bénite. Après cela, on mettra
le Signe de l'Ange du jour, comme on verra ci-
après ; et sous ce dernier Signe, on écrira la chose
que l'on désire savoir. Après cela, on se lèvera
ayant en main les dits Signes, on éteindra le cierge, on mettra ces Signes sous le chevet du lit et
l'on se couchera tranquillement. Quand on sera
dans son lit, on récitera dévotement ses prières

accoutumées de tous les jours ; et enfin, on dira la prière de l'Ange du jour, comme on la verra ci-après et qu'il faudra avoir apprise par cœur ; en observant toujours de choisir les jours dirigés par l'Ange[32], dont le ministère est analogue à notre demande.

---

32   On observera dans le tableau suivant un désaccord avec ce qui fut mentionné au début de l'ouvrage, à savoir que les Noms des Anges pour chaque jour de la semaine est maintenant différent. Par ailleurs, ceux-ci diffèrent également de ce que l'on retrouve dans la Cabale classique.

	Première Partie	Troisième Partie	Cabale Classique
Samedi	Cassiel	Uriel	Cassiel
Jeudi	Sachiel	Salatiel	Tachiel
Mardi	Samaël	Michaël	Samaël
Dimanche	Michaël	Raphaël	Michaël
Vendredi	Anaël	Anatiel	Anaël
Mercredi	Raphaël	Adoniel	Raphaël
Lundi	Gabriel	Gabriel	Gabriel

L'Ange de Samedi est Uriel,
et voici son Signe avec son Caractère.

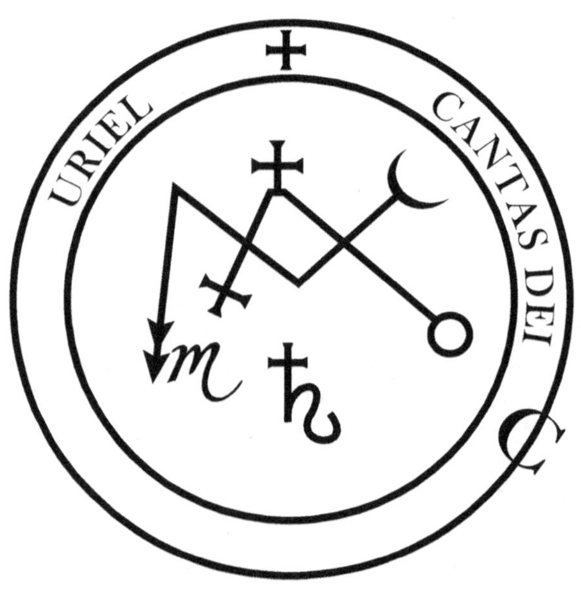

Prière de l'Ange

MEMENTO mei Domine, qui ad similitudinem tuam créasti me, et dedisti mihi animam retionalem tuam angelis intelligam, et in caritate tua maneam scio me esse indignum propter mea scelera, et pavesco atque erubesco ante præsentiam tuam comparere, sed confisus misericordiæ tuæ ad te venio quasi cervus ad fontem aquarum ut mittere digneris sanctum angelum tuum URIEL, qui me doceat et instruat at que dicat quid facturus sum, et quid evitare et fugeré debeam. ~ Veni angele dei, veni URIEL, et noli tardare, quia inte confido, inte spero per misericardiam dei créatoris tui et mei. Amen.

L'Ange de Jeudi est Salatiel,
et voici son Signe avec son Caractère.

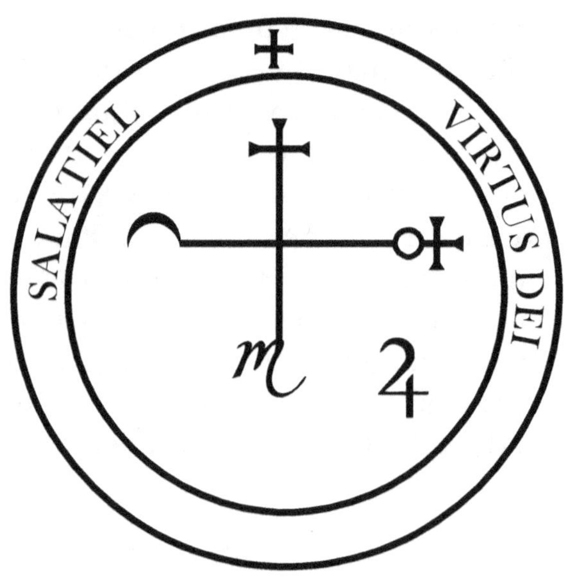

Prière de l'Ange

MEMENTO mei Domine, qui confregisti ora draconum et cæcitatem David qui prævaricavit in conspectu tuo, in numerando populum tuum, ad quem misisti angelum tuum SALATIEL de cælo qui in ore gladii interfecit uno die quadraginta millia homines, et misertus fuisti David servitui plorantis, et misericordiam tuam petentis ita et me famulum tuum et plorantem ate misericordiam potentem illuminare digneris per medium angeli tui SALATIEL, qui me custodiat instruat, acdoceat secundum magnum misericordiam tuam. Amen.

L'Ange de Mardi est Michaël,
et voici son Signe avec son Caractère.

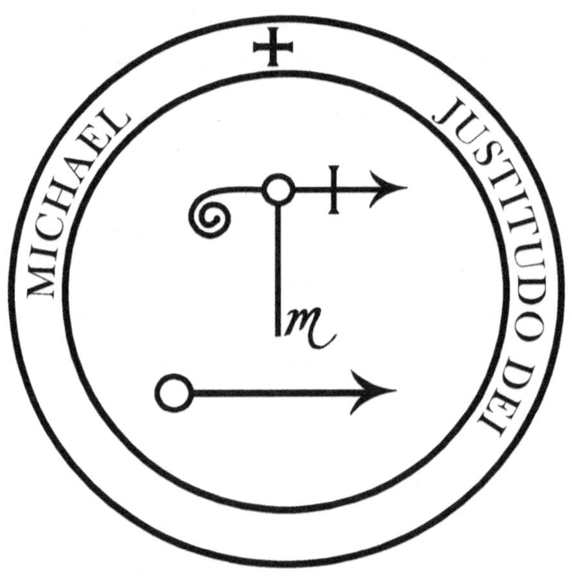

Prière de l'Ange

O DOMINE Deus omnipotens, in cujus ma-
nusunt omnia jura regnorum, et quis est ille
qui possit resistere voluntati tuæ su es ille de que
scriptum est sanctum et terribile est nomen ejus
su es ille in cujus manu sunt claves regni calorum
et infernorum qui misisti angelum tuum MICHAEL
pugnantem um dracono, et includentem et concul
cantem cum in putes inferni, sicut scriptum est
per sobannem apostolum in ejus apocalysi, et
clausit cum per annos mille ita te Domine Deus
humillime deprecor ut mittere digneris angelum
tuum MICHAEL, qui cum manu valida sit fortitudo
mea in omnibus meis negotiis negotiis peragendis pro salute animæ meæ vel corporis mei per
infinitum misericordiam tuam. Amen.

*L'Ange de Dimanche est Raphaël,
et voici son Signe avec son Caractère.*

Prière de l'Ange

O DOMINE Deus omnipotens, qui populum tuum fugientem de ægypte deambulare fecisti per noctem illuminatam columnia ignis ardentis, et per diem per nubem refrigerantem, et per madeum marisrubri sicus pedibur comitatum per angelum tuum et liberasti tobiam filium tobiæ de flumine et a demone sathanæ, revertentem incolumen ad patriam et domum suam, et cæcitatem patris sui illuminasti fac, exoro ut videre valeam misericordiam tuam per medium RAPHAEL angeli tui me comitatis istum quæso domino Deus meus mitte angelum tuum RAPHAEL, qui me illuminet omnibus diebus vitæ meæ, et sit custos mei, et instruat ac doceat me domientem, per misericordiam tuam. Amen.

L'Ange de Vendredi est Anatiel,
et voici son Signe avec son Caractère.

Prière de l'Ange

OMENTO mei Domine qui dixisti ore tuo sanctissimo, in quaumque bora petierbis aliquid apatre meo dabituo vobis in nomine meo, potentiam tuam precor ut mittere digneris in hac nocte angelum tuum sanctum ANATIEL, qui me instruat et deceat circa ea, quæ ad tui nominis gloriam sum facturus, ut fugiam omnes adversitates satanæ, qui sicut leo rugit ut devoret anima meam : sed tu o Domine misericordes et omnipotens, et harc gratiam mihi largiri potes veni angele dei et sis in comitatu meo, staut in tua præsentia nullus inimicus mihi nocere valeat vein et noli tardare, quia in te confido et spero per misericordiam dei creatoris nostri. Amen.

*L'Ange de Mercredi est Adoniel,
et voici son Signe avec son Caractère.*

Prière de l'Ange

MEMENTO mei Domine, et miserere animæ meæ, sicut misertus fuisti abrabæ, qui scumdum voluntatem tuam post ponendo paternum amorem ergo Isaac filium suum lamente, illum offerebat in holocaustum omni potentiæ tuæ, et tu quitates omnium es, et ob summam cartatem tuam et amorem tuum miniti angelum tuum Adoniel de cælo dicentem abrahæ diverte diverte gladium tuum, quia dominus tennit te, et non peper cisti unco filio tuo propter me ita Domine Deus cali et serræ conditor mittere digneris angelum tuum Adoniel de colis, qui me instruat in mandatis tuis, et estendat mihi fugere malum et quæreri bonum per misericordiam tuam. Amen.

L'Ange de Lundi est Gabriel,
et voici son Signe avec son Caractère.

Prière de l'Ange

O DOMINO Deus omnipotens, qui presalute generis human misisti unicum filtum tuum de cælo qui incarnatus est un ventre beatæ mariæ sempæ virginis mediante au essu tui angeli GABRIELIS[33] proferentis volumtatem tuam, et annontiantem incarnationem filii tui domini nostri Jesu Christi, qui natus est, et nuntia tus est pastoribus vigilantibus semper gregem eorum per medium angelorum tuorum clamantium et dicentium . . . gloria in excolsis deo, et interra pax hominibus bonæ voluntatis ila rogo te domino Deus, ut mittere digneris GABRIELEM* angelum tuum mihi nunti antem voluntatem tuam pre salute anuma meæ, et quid facturus sum proptes honorem meum per misericordiam tuam. Amen.

---

33   En latin dans le Ms.

Dès qu'on aura fini la prière de l'Ange, comme nous avons dit ci-dessus, on tâchera de s'endormir en paix, et l'on verra des merveilles et des magnifiques choses, ainsi que l'expérience l'a prouvé.

On conçoit d'après tout cela, que cette Opération est principalement dirigée à obtenir révélation de ce que nous désirons savoir.

N.B. Il sera très utile de répéter, à la fin de chaque prière, l'invitation à l'Ange telle qu'elle est écrite à la fin de la première prière[34], et qui commence par ces mots : *Veni, veni*, en ayant soin de changer le nom selon le jour.

---

34   La fin de la prière adressée à l'Ange Uriel ~ *Veni angele dei, veni N.N., et noli tardare, quia inte confido, inte spero per misericardiam dei créatoris tui et mei. Amen.*

De la Cabale Mixte
Quatrième Partie

De la Cabale Mixte

Quatrième Partie

CETTE partie, qui traite directement de la divination, est aussi appelé le Livre du Sort. On dit qu'elle a été composée par G'bilon, ancien philosophe, à Alexandrie d'Égypte, et qu'après avoir été longtemps égarée et cachée, elle a été enfin retrouvée par révélation.

Observez qu'il ne faut pas demander des réponses par cette méthode que dans un cas de nécessité, et le jour qu'on fera quelque demande doit être un jour clair, qu'il ne soit point troublé ni par le vent, ni par la pluie, ni par le brouillard, en prenant garde de ne pas faire plus d'une demande dans le même jour.

Cet Art a été en grande réputation chez les anciens sages, qui le tenaient très secret. Et lorsqu'on en fera usage, on commencera par réciter la prière suivante et, ensuite, on pensera à un nombre, ou bien l'on y mettra la main dessus, et ce nombre donnera la réponse que l'on désire avoir à la demande que l'on aura faite. Ces nombres sont cent douze en tout, dont chacun contient une réponse mystérieuse dont il faut bien examiner le sens de chaque mot. Cette Opération peut se faire pour une autre personne qui aurait quelque demande à faire, en lui disant, après la prière, de mettre la main sur un des n^os suivants, qui ne soit pas au-dessus de 112 ou bien de l'imaginer.

Prière à Dieu

SEIGNEUR des mondes, tu es Dieu, et ton Nom est divin ; tu es le Dieu des Esprits en toute chose, et dominateur sur toutes les régions d'en haut et d'en bas, de façon qu'on te trouve partout, et que tu es propice à ceux qui te recherchent et te prient. Je viens me présenter à toi, avec un cœur contrit et un esprit humble, pour implorer ta pitié et ta bonté, afin que tu me fasses connaître, par ce Sort, la réponse vraie de ce que je demande et je cherche de toi. Que les effets de ta clémence s'étendent sur moi et sur le requérant[35] ici présent, et que tu nous assistes dans

---

35   Dans le cas où la prière adressée à Dieu ne concerne que l'opérateur, ce dernier ferait bien de modifier ce passage pour quelque chose comme : *Que les effets de ta clémence*

notre demande, et tu nous accordes ton secours puissant pour l'effet de la réponse, car, en tes mains seules, sont la force, la fermeté, le conseil, et la prudence ; et nous n'avons point d'autre salut ni de confiance qu'en toi et dans ta Loi. Et puisque nos péchés sont la cause que les prophéties nous manquent, et que nous n'avons plus de prophète, ni personne voyante et rayonnante, ni voix vivante, si ce n'est ton Nom grand et terrible ; c'est pourquoi nous avons recours à toi en nous servant de ce Livre du Sort, afin que toi qui est le Seigneur du monde et du Sort, nous fasse connaître la vérité par cette complaisance que tu as eue en voulant diviser la terre de Canaan, abondante en lait et miel, et l'a donnée en partage à ton peuple d'Israël. Accorde-nous donc cette grâce, ô Dieu des dieux et seigneurs, et que ma prière parvienne jusqu'en ta présence.

Ensuite on prononcera ces noms : Artimos, Vartimos, Carg'bilos et in nomine ledala, delatam, jelanan.

---

s'étendent sur moi, et puisses-tu m'assister dans ma demande, et m'accorder ton secours puissant...

Ici commencent les 112 Réponses

1^e

Tu as bien des craintes sur cette chose que tu viens de penser, mais rassure-toi, car ce que tu demandes t'adviendra par joie et bonheur. Tu as dans cette demande un motif de joie, et il s'ensuivra de bonnes choses, et elle te sera accordée selon que tu le désires.

2^e

Un bon présage et un temps heureux s'annonce pour te réjouir dans cette demande. Jeûne et prie (avant) [devant] ce Dieu qui t'a créé, et il t'accordera ton vœu ; mais tâche de contenir ta tentation, qui est rude, et quoique tu reçoives du mal des hommes, cependant ne fais pas le mal, car il te sera accordé un grand bien par le Ciel ; mets ta confiance en le Seigneur Dieu.

3^e

Des Anges de pitié te calment et parlent à ton cœur. Rends grâces à Dieu qui t'a donné du bonheur ; il t'éclairera et tout à coup, il donnera de la joie à ton âme dans ce que tu désires, et tu verras ton vœu accompli.

4ᵉ

Éloigne-toi de cette chose, car elle n'est pas
bonne pour toi, et ne te réussira pas. Prie Dieu
et recommande-toi à lui ; il ne manquera pas de
te donner(a) [l']honneur dont tu seras content et
comprends bien, afin que tu (l'arrives) [ne res-
sentes] de la honte vis-à-vis du monde ; et prends
garde pour que la honte [que tu] vis ne se découvre.

5ᵉ

Lève-toi et accours vite, et réjouis-toi, car Dieu
te procure en tous ces biens pour les anticiper.
Cette demande t'annonce des grands contentements à venir, car ta planète est resplendissante
de joie, et tu auras bonne réputation.

6ᵉ

Joie et honneur tu auras, et beaucoup de
biens t'adviendront dans peu ; ne crains rien, car
cette contrariété que tu as vient de Dieu ; reçois-
la volontiers, car ses voies sont justes et il aura
pitié de toi.

7ᵉ

C'est pour une bonne chose que tu te donnes
des peines et que tu fais ta demande, et ton désir

étant bon, Dieu te donnera ce que tu souhaites. Prends confiance en lui et fais le bien ; abaisse-toi qu'il te donnera ce que tu demandes.

8ᵉ

Pourquoi donc t'enorgueillis-tu, et dis-tu dans ton cœur des paroles qui ne conviennent point ? Tu désires, tu penses, et espères peut-être qu'elles accommoderont pour cela ; non attends, car il vaut mieux ne pas se presser. Prends garde à ta personne, tourne-toi à Dieu, implore de lui sa pitié que, peut-être, il te pardonnera. Ne t'approches donc pas de cette demande, et ne la recherche pas, car il n'y aura ni content[ement] ni avantage.

9ᵉ

On t'annonce une bonne nouvelle, car ta planète est ascendante et t'éclaire par-devant, et l'Ange te fait prospérer, et le bonheur t'accompagne ; aies confiance en Dieu que ta demande est convenable pour toi.

10ᵉ

Fils de [l']homme, comment tu y vois de travers ; ta demande n'est pas bonne, car elle contient beaucoup de maux, souffrent de toi seul, et tu en recevras bonne récompense du Ciel ; et Dieu changera en bien l'année pour toi.

11[e]

Fils de [l']homme, tout vient pourtant de Dieu, et comme (du) [tu] dis… j'*irai* et je *ferai* telle chose ; vas et rentres en toi-même, et confie[-toi] en Dieu, car c'est lui qui fait prospérer les personnes, et il fera ta demande, et tous tes ennemis seront confondus, et Dieu punira ceux qui te persécutent.

12[e]

Cette demande exige pitié. Renonces-y ; et ne t'obstines pas là-dessus car c'est mal. Implore la bonté de Dieu qui te soulage, et éloigne de toi cette demande.

13[e]

Saches, ô fils d'homme qu'il t'est venu dans l'esprit une mauvaise pensée en faisant cette demande, car il y a du temps, et le bien se change en mal selon l'heure ; et si tu recherches de Dieu sa pitié, il dirigera tes pas et te récompensera bien ; et tu trouveras grâce auprès de lui, à ton bénéfice. A ta fin, les méchants te causeront, par envie, des chagrins et des vanités, mais prends garde que peut-être se renforceront sur toi les noms déclarés au Nom de Dieu grand et craint.

14ᵉ

Mon frère, je vois que tu te chagrines. Ne crains rien ; n'enfonce pas davantage la douleur dans ton cœur, mais rassure-toi contre les manœuvres des méchants qui ne pourront te nuire, quoi qu'ils cherchent à te faire tomber. Confie-toi en Dieu, et ne te tiens pas près d'eux ; ne leur laisse pas pénétrer les secrets de ton cœur. Fais-leur du bien, qui sera comme du feu sur leur tête, et tu en recevras de Dieu la récompense.

15ᵉ

Heureux, toi qui crains Dieu dans ce monde et considères ce qui t'es venu en l'idée de faire. Je souhaite que tu obtiennes ta demande, et, dans ce voyage, tu peux t'en aller en paix ; tu [te] retrouveras en paix, et tu t'y approcheras les mains pleines et avec un cœur content.

16ᵉ

Sache, mon frère, que ta demande t'est accordée, et qu'on te prépare du bien et du contentement ; tu verras le bien et tu t'en réjouiras.

17ᵉ

Ce que tu prises est mal. Et comment reste ton cœur; tu as oublié que cela empêche de prospérer; et comment diras-tu *j'irai, je ferai ce que je veux*, puisque ce n'est pas par la force que l'homme surmonte les calamités et les maux. Et malheur à l'homme qui ne s'appuie pas à Dieu et qui se confie aux hommes; car tout est en les mains de Dieu, et il n'y a que la crainte de Dieu qui vaille. Humilie-toi donc et ne dis pas je suis grand.

18ᵉ

Fils de l'homme, tu as passé par bien des épreuves et des peines, soit par des maladies que par des mauvaises rencontres; tu as tout oublié. Ils, où se fit le symbole des hommes, que tu as fréquentés, dont tu n'as pas aperçu la noirceur, car si tu t'étais tenu sur tes gardes, tu serais mieux. Fais donc attention que ces hommes [qui] sont méchants, car ils cherchent ton préjudice; prends-y garde, et confie[-toi] en Dieu, lequel brisera peut-être leurs trames; ils veulent te rendre le mal pour le bien.

19ᵉ

Tu es fidèle et tu marches avec franchise. Tu

vois toi-même que ta demande est juste. Sache donc que Dieu est avec toi et que bien d'autres personnes t'aiment aussi.

20ᵉ

Confie-toi en Dieu, car ta demande te sera accordée avec honneur. Et si tu marche(ra)s par ce chemin, Dieu te réjouira.

21ᵉ

Mon frère, je vois que tu [te] confies en Dieu ; c'est pourquoi ta demande sera accordée avec honneur. Poursuis toujours, demeure [confiant] que Dieu t'aidera.

22ᵉ

Sache que toute chose a son heure, et que les Anges t'annonceront aussi ton désir, tant que tu seras favorisé de Dieu. Donc, dans ce que tu demandes, car cela t'adviendra et après ces jours, Dieu te fera prospérer. Et prends garde de ne pas te troubler par trop de hâte, car il y a du temps pour tout, sous les Cieux ; et si tu vas ainsi en avant, sans réflexion, tu broncheras et auras honte, et enfin, auras vengeance de tes ennemis ; fais courage que tu auras contentement en cette chose. Fais bien attention.

23ᵉ

Mon frère, Dieu est tout-puissant car il embrasse tout ; pourquoi te tourmentes-tu le corps et
l'âme ; si tu continues ainsi, tu te perdras. Rejette
dans ton cœur tout cela et rentre en toi-même,
car tu n'as rien à espérer de cette demande. Peut-
être à la fin, tes affaires seront bien.

24ᵉ

Sache qu'il vaut mieux être patient que puissant, car celui (celui) qui domine ses volontés
peut plus que celui qui prend des villes ; tu as fait
ce que tu ne voulais pas, et à présent Dieu a déjà
terminé ta demande pour le bien.

25ᵉ

Que Dieu jette sur toi un regard de pitié, et
il te fera prospérer, et enverra les Anges de paix
devant toi, et te préservera de tout mal ; c'est lui
qui a réglé ta demande pour le bien.

26ᵉ

C'est un moment de bonté qui s'est présenté
à toi ainsi que de bonnes fortunes. Toutes tes démarches et tous tes souhaits sont accomplis, et ta
réputation augmentera à ta satisfaction.

27ᵉ

Confie-toi en Dieu et éloigne-toi de mauvais voisins. Prends courage et ne crains pas les méchants, lesquels ne pourront te nuire si tu t'abstiens de les fréquenter, car ils ne conseillent que le mal. Dieu te soutiendra. Ceci tournera à ton avantage et te fera oublier tous tes chagrins ; que ta demande soit pour le (bien) bien.

28ᵉ

Ta demande est sincère et vraie, sans vanité, et t'apportera la paix, la joie, et une vie exempte de chagrin. Mais quant à présent, attends encore un peu, car tu ne tarderas pas de recevoir du contentement. Prie Dieu, et il te contentera.

29ᵉ

Réjouis-toi au sujet de ta demande, car dès à présent tu n'auras point de chagrin, ni contrariété, et remercie Dieu qui t'a préservé de la mort à ton insu ; mais tu sauras bientôt comment la chose est prouvée, et il semble que tu ne t'en sois pas aperçu ; mais ta planète est ascendante et dans un aspect favorable.

30ᵉ

Ne crois point à ton camarade, et ne te confie

point au supérieur pour ce qui est en ta sagesse ; sois circonspect et garde le silence. Sache que tous tes amis sont faux ; ils te haïssent en secret, ils te portent envie, ils mangent et ils boivent avec toi, et parlent [en] mal de toi. Évite-les, car Dieu est avec toi, et il te sauvera.

31^e

Combien de fois t'es-tu donné des peines pour cette demande sans l'avoir pu obtenir ? Parce que ce n'est pas encore le temps et que c'est une chose occulte ; mais Dieu en rapprochera le temps, et temps, et accordera ta demande pour le bien, et avec honneur et joie.

32^e

Prends garde, et ne te trouble point, car tu ne peux pas insister sur cette demande ; son temps n'est pas encore venu, et il y a un temps pour tout. Supporte encore un peu, conduis-toi avec prudence, et attends que Dieu te console(ra).

33^e

Confie-toi en Dieu, et dans peu arrivera le moment heureux où le Ciel t'accordera ce que tu désires avec succès ; il t'adviendra une grande réputation, tu auras un collier d'or, et bénis Dieu qui t'a exaucé.

34ᵉ

Pourquoi t'enorgueillis-tu, et pourquoi te vantes-tu dans une chose que tu ne peux pas faire ? Éloigne-toi de cette demande, pour cette fois, où tu ne peux pas y réussir, car son temps n'est pas venu. Et quand même tu y parviendrais en partie, abstiens-en toi, car il ne te reviendrait aucun avantage, et sa fin serait mauvaise.

35ᵉ

Il est certain et évident que ta demande te sera accordée avec honneur, et joie, et prospérité.

36ᵉ

Dieu est avec toi et ta demande est agréée. Elle te consolera comme tu désires ; c'est pourquoi bénis-le de ce qu'il t'a répondu.

37ᵉ

Beaucoup de peine et d'infirmités sont prêtes de tomber sur toi ; hâte-toi de louer Dieu ; il te servira de bouclier, et fera des miracles pour te sauver. Confie-toi en lui, qu'il accordera enfin ta demande.

38ᵉ

Ta demande te sera accordée, car Dieu est avec toi.

39ᵉ

Tu roules dans ton esprit plusieurs projets. Cette demande ne vient que de Dieu. Et si tu l'avais souhaitée plus tôt, tu ne l'aurais pas obtenue ; mais à présent rassure-toi que Dieu est avec toi et il t'aidera.

40ᵉ

Les Anges de paix viennent à ta rencontre pour te faire prospérer, car ta planète te favorise. Tes ennemis tomberont devant toi, et ne les crains pas ; ta mense sera comblée de biens, et tes trésors se rempliront de satiété, et ta demande te sera accordée.

41ᵉ

Le salut du juste vient de Dieu... et ne dit pas *c'est avec force et mon adresse que je me suis tiré d'affaire*. Loue Dieu, et quoique tu sois sot, Dieu, pourtant, remplira ta demande. Et prends garde dans ta vie avant qu'il ne te serre.

42^e

J'ai vu des hommes qui te cherchent noise en secret ; ils mangent et boivent avec toi, et projettent dans leurs esprits du mal contre toi. Ne crains rien de leur méchanceté car Dieu est avec toi.

43^e

Pourquoi te chagrines-tu ? Rejette le chagrin de ton cœur, et sache que si tu avais tout fait, et si tu t'[en]étais éloigné plus tôt, tu [en] serais à présent débarrassé. On te cherche ; prends garde et prie Dieu.

44^e

Le Ciel va répandre sur toi beaucoup de biens et de contentement. Tu vas avoir de la prospérité et de la joie de cette demande ; prépare-toi à louer Dieu avec un cœur sincère, et non avec deux cœurs, et l'issue en sera heureuse.

45^e

Ta demande te réussira, et bonheur t'apportera. Sache que tu te renouvelleras ; que tes ennemis seront confondus; que faveurs nouvelles et honneurs te seront donnés. Ne sois point honteux, ni [ne] t'avilis point, et ne t'étourdis point, car il t'adviendra [un] grand contentement.

46ᵉ

Ne pense pas à cette demande qui n'est pas en ton pouvoir, et [qui] ne réussira pas selon ta volonté. Car je te vois haineux, haïssant les bonnes mœurs, et aimant ce qui est injuste. Quitte ce chemin et marche par un chemin droit, et tu acquerras grande richesse, et tu n'auras plus besoin de personne. Quoique tu fasses des choses indécentes, fais-y attention, et travaille avec, dans la crainte de Dieu, et tu prospéreras dans ce que tu feras.

47ᵉ

Je vois que l'on te donne des mauvais conseils, et que l'on jette sur toi bien des choses qui te font craindre. Éloigne de ton cœur ces craintes, confie-toi en Dieu, et ne crois pas aux paroles de ces hommes qui cherchent à te nuire, et Dieu sera avec toi.

48ᵉ

Bonne nouvelle. Je t'annonce de la part de

Dieu en toutes choses, car il t'a regardé d'un œil de pitié, et il te donnera la force et le pouvoir, et il ordonnera à ses Anges de te garder et de te protéger dans toutes tes démarches. Et cette demande dans ton cœur te paraît dure, et tu en as des craintes, mais ne crains rien [puis]qu'il te l'accordera avec joie.

49^e

Ne t'attriste pas pour ta demande, car tu seras assisté et tu prospéreras en icelle ; et tu ne dois pas te chagriner, car Dieu t'a accordé beaucoup de biens, et quoique tes vœux viennent un peu tard, n'aies point d'anxiété, prends courage, sois ferme qu'il ne manquera pas de t'advenir tout bien.

50^e

Laisse cela, car tu ne sais pas les ordres de Dieu ; et quoique Dieu soit lent, il satisfait cependant [les demandes] à la fin.

51^e

Fils de l'homme, crains Dieu, abstiens-toi du mal, et fait le bien. Ne te conduis pas avec deux cœurs, et ne tente point Dieu, car ce que tu demandes ne te convient pas, et c'est mauvais.

Laisse cela et cherche une demande juste ; et si tu te repenti(ra)s, il sera bien pour toi, sinon tu vas voir.

52ᵉ

Ne dis pas *j'irai et je ferai ce que je veux*, car tu ne le pourras pas. Cette demande n'est pas bonne ; laisse-la, qu'il vaudra mieux pour toi.

53ᵉ

Il convient que ta demande soit faite vite, car tu y auras une réussite parfaite, parce que tu y as la crainte de Dieu. Travaille donc avec courage et avec confiance. Tu prospéreras ; le but est bon.

54ᵉ

Sache que Dieu est à ton secours et te fait prospérer. Rassure donc toi que ta demande sera accordée, car les Anges de paix viendront diriger tes demandes.

55ᵉ

Je te conseille à ne pas te donner tout ce soin, ni de te tourmenter pour cette demande ; tu t'es déjà autrefois donné des soins pour cela sans jamais avoir pu y réussir. Ne sois point si pressé, pour ne pas [te] heurter contre les obstacles, car le temps n'est pas encore venu pour la trouver ; un voile la couvre jusqu'à son temps, que tu la trouveras et tu en auras beaucoup de contentement.

56ᵉ

Grande chose tu demandes, et tu en as des craintes ; mais ne crains rien, puisqu'il n'y a point de colère dans ce que tu as dans le cœur, et tu crains Dieu. Prie Dieu ; il accomplira tes volontés.

57ᵉ

Je t'annonce bonne nouvelle. Vu que ta demande est bonne, il n'y a rien qui déplaise. Je vois que tu crains pour le vaisseau qui est en mer, qu'il ne souffre beaucoup, mais cela ne sera pas long ; il te reviendra en paix.

58ᵉ

Ne te vante pas en disant que tu réussiras dans ta réquisition, puisque comme le mensonge est dans ton âme, ne cherche pas davantage, que tu ne trouveras rien.

59ᵉ

Tu ne dois pas en vouloir à ton camarade car,

à la fin, tu t'en repentiras, et cela ne te servira à
rien.

60ᵉ

Laisse cette demande, car un autre l'a fait de
même, et veut te faire tomber dans un piège ; ainsi désiste-toi de cela et ne la recherche pas.

61ᵉ

Contentement, paix, et des biens son prêts
à t'advenir par cette demande qui est accompagnée de bonheur.

62ᵉ

Donne louange à Dieu Vivant et Éternel ;
humilie-toi devant lui avec un cœur contrit, et
quand tu quitteras les œuvres mauvaises, tu seras
alors satisfait.

63ᵉ

Pourquoi te chagrines-tu pour ceci ? Son
temps n'est pas encore venu et ses clefs ne sont
pas encore consignées. Ne te tourmente pas inutilement ; jeûne et prie Dieu.

64ᵉ

Ne soit point impie, car tu mourras avant ton

temps. Garde-toi de ne plus dire de faussetés, car ta langue ira la première en jugement, et répare ce que tu as gâté, que Dieu te satisfera.

65^e

Réjouis-toi de ton côté, car ta demande te sera accordée, car c'est un moment heureux dans tes pavillons.

66^e

Je vois que les hommes te haïssent, et qu'ils te disent du mal, et tu as aussi des querelles avec d'autres. Crains Dieu, et ne leur dis pas que Dieu les confondra; Dieu saura te faire prospérer en toutes choses que tu demandes.

67^e

Mû par une inspiration heureuse, tu as demandé dans un bon moment, et tu es venu à moi. Ta demande sera accordée, et tu prospéreras dans tes démarches si tu la sui(vra)s au plus tôt; ne tarde donc pas.

68^e

Si tu écoute(ra)s mon avis, tu disposeras ton cœur envers Dieu, tu supporteras encore, tu laisseras passer quelques jours, et tu obtiendras.

69[e]

Ta demande est convenable. Ne te décourage
pas et ne t'avilis pas, car Dieu est avec toi, et tu
auras du bonheur.

70[e]

Sache que cette demande t'est venue à l'esprit
dans un bon moment; elle te sera, par le Ciel,
accordée, car tu auras assez souffert. Tu trouveras grâce et miséricorde, et tu oublieras toutes tes
peines.

71[e]

Je t'annonce encore une bonne nouvelle. Ne
t'attriste pas; lève-toi et va jusqu'au bout du monde, car Dieu est avec toi.

72[e]

Ne te donne pas tant de soins, car tu n'auras
pas ce que tu demandes; tu n'as pas de prudence, mais de la douleur dans ton intérieur. N'ayant
pas de bonnes mœurs, ainsi n'y pense pas et tâche de te confier en Dieu qui, à la fin, viendra te
consoler.

73[e]

Ne te presse pas tant, car tu n'auras pas de

réussite dans ceci. Évite les querelles qui ne servent qu'à t'éloigner l'affection du monde ; d'autant
plus que tu es trompeur, et tu ne marches pas
dans le droit chemin. Ainsi ne te donnes pas de
peine inutilement, attends et règle mieux tes démarches.

74^e

Saches que tout vient de Dieu, et l'homme
ne peut rien prendre avec ses mains. Il se donnera beaucoup de mouvements et des peines, et
ne réussira à rien. Mais Dieu a tout en son pouvoir ; ainsi prends patience et attends encore que
le moment heureux viendra dans peu, et tu seras
alors content.

75^e

Abstiens-toi de cette demande, car elle n'est
pas bonne et n'a rien que vanité, et ce que tu as
dit ne te soutiendra pas. Ne crois point à l'homme
qui rapporte tout, et fais attention à ce que nous
t'avons dit.

76^e

Réjouis-toi de ton côté, que l'heure du bonheur vient pour favoriser cette demande, car ton

sort et ton bien-être viennent ensemble pour te
sauver et te contenter dans peu de temps.

77ᵉ

On t'annonce que des bonnes nouvelles te sont
préparées, et que les Anges viennent à ta rencontre, et que tes demandes sont déjà accordées ainsi
que tu vas bientôt le voir.

78ᵉ

Je vois que tu as éprouvé beaucoup de peine,
de contrariété, et des misères, et que tu cherches
ce mystère. Et tu ne peux pas l'avoir parce que
ta demande est éloignée et met ta personne en
suspens. Ne la recherche pas, car toutes les choses ne sont pas égales, et si le temps passe(ra), il
t'adviendra de la satisfaction.

79ᵉ

Éloigne-toi de ces maux et de cette chose que
tu as dans la tête, parce que cela n'est pas bon et
ne te donnera pas de bonheur. Prends garde de
ne pas tomber dans l'avilissement, et rougis de
honte ; mais je t'annonce que ceci où autre chose
bien disposée sera bonne pour toi.

80ᵉ

Avec joie te sera donné ce que tu demandes, cela étant déjà ainsi disposé dans le Ciel. Sois ferme et cherche avec courage que tu réussiras à ton avantage et contentement.

81ᵉ

Dieu fera prospérer ta démarche et (te) [t'] accordera ta demande ; elle est déjà accomplie. Il sera bien de la laisser [et d']en prendre une autre qui sera bien pour toi.

82ᵉ

Beaucoup de bien et plusieurs espèces de graines t'adviendront. Tu dois louer et remercier Dieu qui t'accorde la joie. Poursuit donc sans tarder [parce] que tu auras tout plein de contentements.

83ᵉ

Ne va pas chercher les voies de Dieu, et ne le tente pas afin que tu ne risques pas de trébucher. Et si ces jours se passe(ro)nt, retournes à moi que je te dirai ce que tu as à faire.

84ᵉ

Confie-toi en Dieu et prie-le, et ne vas pas

prier les hommes, ni ne va pas te confier en eux ; tu es sage et prudent. Ce serait une folie que de se confier à des ingrats et à des menteurs ; tu dois bien considérer que cette demande exige de la science, de la crainte, et bien de la réflexion.

85ᵉ

Le moment est très propice pour ce que tu veux. Tu peux prendre femme ; tu peux aller et faire toute chose, en implorant la clémence et l'aide de Dieu, qui envoie ses Anges pour t'assister de leur ministère.

86ᵉ

Tu dois craindre les tombes comme homme, et faire ta demande, et tu auras le contentement que tu désires. Et recherche l'honneur de Dieu avec confiance, car ta prière est déjà exaucée.

87ᵉ

Tu as dans l'esprit beaucoup de choses à demander concernant ton sort. Ta manière de vivre est tenace ; tu dis que ton espoir est perdu, et tu t'attristes en pensant que tes jours sont passés inutilement. Mais ne t'attristes pas, car ton bien n'est [pas] vague[36], et les espérances sont bien appuyées, quoique le temps ne soit pas encore arrivé. Et quoi que tu dises que le tout est un travail inutile et erroné, saches que tout viens de Dieu, et confies-toi en lui que tu en auras la récompense.

88ᵉ

Ne crains rien de ces scélérats qui se soulèvent contre toi pour te nuire, et font semblant d'être tes amis, car Dieu les fera tomber à tes pieds, parce que ce sont des hommes faux, et l'on serait bien fou d'écouter[37] ce qu'ils pensent, et de leur révéler les secrets [de] ton Sort [qui] est grand et heureux ; c'est pourquoi ils veulent te faire tomber, mais ce sera eux qui tomberont.

89ᵉ

Reste dans ta maison et tu seras respecté, et ne va pas fréquenter des gens vils, car ton aliment vient de Dieu. Ainsi ne te fatigue pas à faire des voyages ni pour des faux, [et] ne te chagrine pas ; car Dieu te donnera richesse, enfants, et ce que tu désires. Implore donc sa clémence et tu ne tarderas pas à jouir.

---

36   *Car ton bien ais dest vague*, dans le Ms.
37   *Et la ferois bien fou d'écouter*, dans le Ms.

90^e

Ne fait pas trop de vœux, car plusieurs fois tu l'as fait à Dieu et tu ne l'as pas accompli. Il n'y a pas [d']oubli qui tienne devant Dieu. Ainsi, remplis toujours ce que tu promets à Dieu et il te regardera avec considération.

91^e

Ne sois pas si fou que de chercher une chose occulte, et ne t'y adonnes pas inutilement. Dieu fait où sont les choses, et comment tu comprends les secrets, il n'y a donc rien, d'accord, entre les mains de l'homme, parce qu'il roule dans [la] saleté beaucoup de projets, et [il] est sujet à l'erreur.

92^e

Qui peut savoir ce qu'il en sera de l'homme, comme l'on voit ce qu'il en est des poissons et des oiseaux attrapés dans les filets ? Il ne sait pas l'heure de son trépas, et les choses occultes ne sont connues que de l'Éternel et de l'homme qui craint Dieu.

93^e

Souvent tu as voulu faire pénitence et tu ne l'as jamais fait. A présent viennent les jours de calamité, et toi, remplis de crainte, tu as recours à Dieu. Sois tranquille ; il a déjà ordonné les choses en bien pour remplir ta demande, parce que tu aimes le Seigneur.

94ᵉ

Puisque tu n'as que des bonnes pensées pour toi et pour ton prochain, il ne t'arrivera pas de mal, et (sont) [sous] peu de temps ta demande sera accordée. Tu seras envié par plusieurs, qui cherchent à rendre nulle ta demande, mais Dieu ne les écoutera pas et t'accordera bientôt du contentement.

95ᵉ

Tu ne peux pas empêcher la mort ; ne reste pas dans les demeures des grands. Ne cours point après les honneurs et les dignités, car le temps pour cela n'est pas encore arrivé.

96ᵉ

Comment as-tu tant de confiance à prétendre ceci ? Fais attention que plusieurs fois que tu as eu une telle confiance, tu as couru des dangers. Donc Dieu t'a sauvé ; convertis-toi à Dieu et at-tends, car il aura pitié de toi.

97ᵉ

Que de bienfaits Dieu t'accorde. Si tu veux y faire attention, ta demande te sera accordée, et cet ennemi qui veut t'abaisser pour être à ta place n'y réussira pas ; ne le crains pas dès que tu aimes Dieu.

98ᵉ

Tu penses bien te réjouir que tu as réchappé du tombeau et que tes jours sont renouvelés. Tu les passeras dans la joie ; tu auras des enfants dont le petit deviendra grand ; il te consolera et te soulagera dans tes œuvres et dans tes peines.

99ᵉ

Tu as fait une folie puisque tu étais digne d'avoir des biens, et tu t'es pressé à faire le mal, et par là tu es tombé par terre. Il ne suffit pas ce que tu as fait, car tu cherches encore à poursuivre. Mais prends garde à ton âme, car tu ne connais pas les jugements de Dieu qui fait naître le jour, et qui t'enverrait du mal si tu continues à être aussi impie.

100ᵉ

Tu ne sais pas que le but de ta demande tend au mal, et que plusieurs personnes comme toi, on cherché la même chose et sont tombées. Il vaudra mieux que tu étudies un peu plus ta demande ; et pour l'obtenir adresse-toi à Dieu.

101ᵉ

Le mérite que tu as acquis l'est pour toujours. Ne crains rien, travaille, et fais ce que tu veux, car ta demande te sera accordée et tu seras honoré de beaucoup de monde

102ᵉ

Puisque tu crois en Dieu, prends confiance en lui, car il fera tomber ton ennemi et il accomplira tes demandes à ta grande satisfaction.

103ᵉ

Malheur à toi si tu ne fais pas bien envers Dieu. Quitte tout mal, et confie-toi en lui, car il satisfera tes souhaits de ton cœur.

104ᵉ

Ne t'éloigne pas de ta crainte de Dieu pour ne pas être haïs de tes amis. Évite de faire le mal, car Dieu seul peut te sauver.

105ᵉ

Sois béni de Dieu, comme Abraham notre

père a été, et Dieu sera avec toi pour te faire avoir une bonne réputation ; il te bénira et accomplira tes demandes.

106ᵉ

Puisque tu as disposé ton âme dans la crainte de Dieu, tu auras tout pouvoir sur les hommes et sur les nations, car tu es agréable à Dieu qui accomplira ta demande.

107ᵉ

Tu es petit et peu de chose, et regarde comment tu t'enorgueillis sans penser qu'aujourd'hui tu es, et [que] demain tu ne seras plus. L'homme ne reste pas le moine et, après sa fin, il sera rejeté comme une bête morte. Convertis-toi à Dieu et il aura pitié de toi.

108ᵉ

Qu'est-ce que tu feras le jour que Dieu viendra te visiter ? Tâches de rendre justice, et, peut-être, il calmera sa fureur, car il ne veut pas ta ruine, et pourra [t']accorder tes demandes.

109ᵉ

Tu as anticipé bien ta prière, tu as fait entendre ta voix et tu as, par là, rendu ton jugement favorable, et tu t'es fait écrire dans le Livre de Vie, et tu as hérité les biens de ce monde, comme l'héritage de Jacob.

110ᵉ

Dieu augmentera ton honneur, car ton but est bon, et il prospérera à la fin beaucoup, comme Jacob notre père, et tu verras tout ce que tu désires.

111ᵉ

Pauvre être. Pourquoi cherches-tu une chose que tu ne peux pas faire? Ne porte point envie à ton frère, parce qu'il est plus grand que toi, et tu auras besoin de lui; et ensuite, ta demande te sera accordée.

112ᵉ

Ne te trouble pas, et ne te décourage pas de ce que tu as beaucoup travaillé, sans avoir pu réussir, car ce temps de contrariété se passera, et tu seras délivré, et tu trouveras ce que tu cherches.

Fin

Remarques, qu'au lieu de penser un de ces 112 nombres, lorsqu'on désire une réponse, on pourra aussi se servir d'un cercle fixé sur un fond solide, qui ait un pivot au milieu, supportant une aiguille tournante, laquelle indiquera l'un de ces 112 nos qui seront marqués sur la circonférence du cercle.

On pourra aussi employer un paquet de cartes blanches, sur chacune desquelles on aura marqué les 112 numéros, et même la réponse si l'on veut. On mêle bien les cartes ensuite, on les coupe, et l'on en extrait une dans le milieu du paquet qui donnera la réponse que l'on cherche.

Appendice
Ms. Wellcome 4657

dei patris amen scio verissime jesu quod in quacum que die et
hora invocavero te salvus ero clementissime dõ, jesu christe fili
Dei vivi, qui in virtute tui pretiosisimi nominis tanta miracula
fecisti, et tam copiosum medetam indigentibus de disti, quia in
ipsius virtute demones fugiebant; ceci videbant, surdi audiebant
claudi conbulabant, muti loquebantur leprosi curabantur, infirmi
sanabantur in mortui suscitabantur ram quando tui dulcissimi
fili nomen jesus nominatur, melos in aure

TRAITÉ DE LA
Cabale mixte qui comprend
l'art angelique extrait des
docteurs hebreux

De la cabale mixte premiere partie
cette partie de la cabale comprend la faveur divine, par la
quelle l'esprit de l'homme concentré en soi mem dans la
meditation des choses celestes se trouve ravi en un▬ une espece
d'extase, dans laquelle il recoit la revelation des hautes
sciences des choses occultes, qu'il n'est pas donné a tout homme
de savoir, un lors que l'homme a éprouvé cette extase il ne
se sonne plus, gueres des choses de ce bas monde qu'autant qu'elles
contribuent a la gloire de Dieu, et a l'avantage de son prochain la
satisfaction qu'il éprouve de se voir si rapproché des anges lui
tien lieu de tout, pour parvenir a obtenir un faveur aussi dis
tinguée du ciel il est à propos d'avoir quelque connoissance des
attributs de dieu, tels que les docteurs hebreux nous les ont

146

transmis ils decrivent la divinité comme recueillie dans l'éloigne
ment infini de son centre, et comme toujours occupée a la repro
duction des choses, dieu étant considéré comme recuelli en
soi meme, ne peut non seulement pas etre decrit d'aucune maniere
mais pas meme compris par l'entendement de l'homme c'est pour
quoi dieu en parlant à moise lui disoit posteriora mea videbis
lui faissant entendre par ces mots que sa face ne pouvoit pas etre
connue de lui vu qu'il n'y a que les yeux de dieu meme qui puissent
la voir les hebreux l'appellent Ensoph, c'est a dire l'infini —
incompréhensible les docteurs hebreux voulant donc montrer dieu
comme occupé de la production des choses lui donnent dix principaux
attributs appellés nume rattons, qui comprennent toutes choses, et
sont comme autant d'ornements dont il est entouré, qui sont briller
sa divinité, et la font connoitre à l'homme ces dix numerations ou
ornements ont un rapport direct avec les dix noms de Dieu, des quels
sont produits les dix ordres angeliques, les dix spheres celestes, dont
le monde sensible est composé ainsi que les dix parties du microcos
me, la premiere numeration, ou ornement de dieu, qui est en
meme tems la couronne de tous les siecles s'appelle — savoir
canal, par le quel dieu influe, et repand sa bonté sur le chœur
des seraphins, et sur le premier mobile, par le moyen de l'yntelli
gence appellée Metatron serapanim, qui signifie prince des aspects
par le moyen du quel les hebreux pretendent aussi qui dieu ait
parlé à moyse cette premiere numeration se rapporte au nom de
dieu Ehe, qui signifie essence, parcequ'il donne l'etre a toutes les
choses qui existens, et remplit de la splendeur de sa majesté infini
tout l'univers depuis le centre jusqu'a la circonference —
la 2e. numeration s'appelle cochmah c'est a dire sagesse. le nom
de dieu qui lui est approprié est le nom infaillible des quatre

jehovah uni à iod c'est par elle que dieu influe sur les chéru
bins sur le ciel étoilé par le moyen de l'ange raziel genie dadam
en formant ces lumieres indefinissables du monde ideal, et par consé
quent endistinguant le chaos des choses créés
la 3me numeration s'appelle binah ou prudence; elle se rapporte au
nom de dieu Elohim pour elle dieu influe sur le choeur des trones
par le moyen de l'ange Zaphriel qui étoit le genie de noé, dominant
sur la sphere de saturne, ou s'impriment les formes de la matiere
premiere, dont s'ensuit la generation de l'univers
la 4me numeration s'appelle clemence ou benignité attribuée à la droite
et la misericorde infime de dieu Elle porte le nom de dieu El, par Elle
dieu influe sur le l'ordre des dominations par le moyen de l'ange
zadkiel qui étoit le genie d'abram, et sur la sphere de jupiter
la 5me numeration s'appelle c'est a dire riguieur ou severité elle
porte le nom de dieu gibor, et influe sur l'ordre des puissances et
sur la sphere de de mars par le moyen de l'ange camael son
intelligence qui étoit le genie de sanson; c'est d'elle que son
produits les elements, la 6. numeration porte le nom de dieu
Eloa uni à vaudaoth: Elle influe sur l'ordre des vertus et sur la
sphere du soleil par le moyen de l'ange raphael son intelligence
qui étoit l'ange du patriarche, jsaac et de tobie le fils
la 7. numen s'appelle — c'est a dire triomphe; elle porte le nom tres
saint des quatre lettres reuni a sabaoth; elle influe sur l'ordre des
principautés et sur la sphere de venus par le moyen de haniel
son intelligence, et produit toutes les plantes
la 8. num. porte le nom de dieu Elohim, sabaoth; elle influe
sur le choeur des archanges, et sur la sphere de mercure par le
moyen de l'ange michel son intelligence, et ange de salomon
c'est par elle que sont produits les animaux

la 9me sappelle... c'est adire base ou fondement: elle porte
le nom de dieu sadai; et influe sur le chœur des anges
et sur la sphere de la lune par le moyen de gabriel son
intelligence, qui étoit l'ange de daniel, c'est par elle que
sont distribués les genies ou anges particuliers a chaque
homme. la 10me et derniere numeration sappelle regne
elle porte le nom de dieu adonaï melecb, qui signifie seigneur
et roy elle influe sur l'ordre animastique, que les hebreux
appellent Jssim, ou steros, géants, hommes forts et vigoureux, et
sur le monde par l'ame du messias, ou, selon l'opinion d'autres
par metraton, qui étoit l'ange de moyse c'est elle qui donne
le don de prophetie dans l'esprit des hommes, instruits de la loi
divine et de cette science parceque l'homme par la plus ele-
vée et spirituelle de son entendement parvient a avoir un
accord et convenance avec la premiere numeration: par sa
raison et son Discours avec la seconde par son concupiscible
superieur ou desir des hautes choses avec la troisieme par
son irascible superieur ou zele pour les choses divines
avec la quatrieme par son libre arbitre avec la cinquieme
par son occupation totale des choses celestes avec la sixieme
par les soins qu'il prendra des choses inferieures avec la 7m
par il parviendra à etre d'accord avec la huitieme comme
réunissant les deux qualités pour les deux précedentes par
celle de monter de l'active à la contemplative il parviendra
à la neuvieme: Et par la faute qu'il a petre dans le premier
Domicile ou vehicule étherée il s'accordera avec la dixieme
voila les objets aux quels tendent toutes les contemplations
des cabalistes, et qui leur servent comme de loi pour parve
nir à la vray sagesse c'est par la connoissances de ces choses

149

qu'on parviendra à lire dans le livre de la vie, et si l'on fait
attention à tout ce que nous venons de dire, on y trouvera le
germe des sciences infaillibles, et de la connoissance des choses
passés présentes et futures cependans comme cette scien ce
tien de la divinité, et que vu la bassesse de l'homme, il ne
sauroit y atteindre sans une faveur divine, nous allons
voir comment l'homme peut encore pourtant s'élever jusque
là notre ame, selon les platoniciens, avant qu'elle descende
à s'unir à notre corps tous le monde intelligible, existant
dans un etat bienheureux étoit douée de toute science; mais
se trouvant par cette union enveloppée par la matiere corpo
relle, ses connoissances en sont tellement affusquées qu'elle
ne ressent presque plus aucune idée des choses que dans son
etat précédent elle contemploit elle n'est pourtant pas privée
de ces connoissances; il reste à l'homme des moyens de les
acquerir de nouveau l'ame sobre et frugale, l'éloignement de
tout excés et de toute faute, le silence des passions et la fixa
tion dans l'objet que l'on se propose, sont des moyens qui con
tribuent beaucoup à faire concentrer l'esprit de l'homme en
soimeme et à le rendre propre à la contemplation dont nous
avons parlé ci dessus par laquelle l'âme s'élevant peu à peu
avec la faveur divine au dessus de son enveloppe materielle
se trouve enfin ravie dans une haute extase, appellée aliena
tion ou fureur divine où elle voit de nouveau à decouvert
ses premieres connoissances d'où par le concours des esprits
angeliques il en resulte des effets miraculeux de façon
que l'homme dans cet etat fait et dit des choses surprenantes
dont il ne se souvient plus aprés quel'estase est finie et
qu'il ne veut pas croire avoir eté dites ni faites par lui

150

d'aprés les connoissances que nous avons énoncées ci dessus, on peut pratiquer certains procedés pour savoir des anges ce que l'on desire pour cela on a recours au mistere mixte qui derive de la cabale, quoi qu'il ne depende pas absolument d'elle, et qu'il soit melé avec cette espece de sagesse qui derive de la vertu des choses superieures dont la connoissance est appellée loi divine

pour pratiquer ces procedés avec succés il faut, comme nous avons dit se rapprocher de dieu et des anges par une vie sage, et par la priere, et connoitre leurs noms

pour avoir par exemple revelation de quelque chose de bien que l'on desire, il faut savoir qu'il n'y a que certains jours dans les quels on pourra operer, et que dans chaccun de ces jours il y a un ange qui le gouverne, et un nom de dieu qui lui est approprié, et qu'il faudra nommer dans la priere selon le jour où l'on est, de la maniere qui suit

Ordre des jours, dans les quels il faudra operer dans cet exemple et noms de dieu qui leur sont appropriés

		noms des anges appropriés aux	
mercredi ☿	Elohim sabaoth	Dits	jours
samedi ♄	Elohim	mercredi	raphael
mardi ♂	Elohim gibor	samedi	cassiel
vendredi ♀	sabaoth jehovah	mardy	samael
lundi ☽	sadaï	vendredi	anael
jeudi ♃	El	lundi	gabriel
dimanche ☉	Eloi vaudaath	jeudi	sachiel
		dimanche	michael

Etant donc préparé comme nous avons dit ci dessus, avec un
cœur net et sans peché tu opereras pendans huit jours dans
l'ordre des jours indiqué ci dessus qui seront choisis seulement
dans le croissant de la lune, laissant un intervalle de deux jours
entre une operation et la suivante Et si tu ne pourrois pas
terminer le tout dans une seule lunaison, tu la finirois dans
le suivant croissant de la lune   On commencera donc par
un mercredi qui soit un jour clair et serein, dans le quel tu
jeuneras au pain et à l'eau, ta chambre etant bien propre, Et tu
etant lavé, tu te leveras plus d'une heure avant le lever du
soleil, et dans l'aurore tu reciteras à genoux les prieres suivantes
sept fois chaque jour de façon quelles soient finies avant le
lever du soleil. dans ces prieres il faudra avoir soin de changer
le nom de dieu, et de l'ange approprié au jour dans le quel on
opere — le samedi suivant qui sera le second jour de ton opera
tion tu te leveras de meme en disant les memes prieres, dans
les quelles tu auras en auparavant l'attention d'inscrer le
nom de dieu et des anges approprié à ce meme jour, et tu suivras
la mem methode pour tous les autres jours jusqu'à la fin
tu feras donc 1° l' jnso,

Invocation a dieu

pour élever notre cœur à Dieu, et pour attirer sur nous sa
condescendence.   Pseaume 8
damine Dominus noster, quam admirabile est nomen tuum
in universâ terra, quæ dedit confessionem tuam super cœlos
Ex ore infantium et lactentium fundasti virtutem propter
inimicos tuos, ut deleres inimicum et ultorem quoniam vidabo
cœlos tuos opus digitorum tuorum lunam et stellas quæ tu fundas
ti quid est homo, quòd memores ejus? aut filius hominis quoniam
visitas eum minuisti eum paulo minus ab angelis gloriâ et

142

decore coronasti eum Et constituisti eum Dominatorem in operibus
manuum tuarum omnia subjecisti sub pedibus ejus, oves et
boves universas insuper et quadrupedes campi — volucres cæli
et pisces maris pertranseuntes semitas maris Domine dominus
noster quam admirabile est nomen tuum in universâ terra

Priere Ps: 103 adieu

benedic anima mea domino (ici l'on met le nom de dieu approprié
au jour) domine deus meus magnificatus es vehementer, confessi
onem et decorem induisti Induens lumen sicut vestimentum
extendens cœlos sicut cortinam qui regis aquis superiora ejus qui
ponis nubes cursum tuum, qui ambulas super pennas venti
qui facis angelos tuos spiritus, ministros tuos ignem urentem
fundasti terram super bases ejus, non commovebitur in æternum
et semper abysso velut vestimento operuisti eam super montes
stabunt aqua ab increpatione tua fagient, a voce tonitrui tui præci
pitabuntur ascendent montes descendent valles ad locum quem
fundasti eis Terminum posuisti, quem non transgredientur, neque
revertentur ut operiant terram qui emittis fontes in convallibus
inter montes ambulabunt potabunt omnes bestiæ agri, et
extinguent onagri sitim suam Juxta illos volucres cœli habita
bunt, de medio frondium dabunt vocem, Jrrigans montes de excels
ois suis, de fructus operum tuorum satiabitur terra faciens germina
re fœnum jumentis, et herbam servituti hominum ut educant panem
de terrâ, et vinum lætificet cor hominis ut illustrent faciem oleo, et
panis cor hominis confirmet Saturabuntur ligna campi cedri libani
quas plantavit quoniam ibi passeres nidificabunt ciconiæ abietes
Domus ejus montes excelsis cervis petra refugium cuniculis —
fecisti lunam propter tempora sol cognovit occasum suum

posuisti tenebras et facta est nox, in ipsa movebuntur omnes
bestiæ saltus catuli leonum rugient ad prædam, et ut quærant
à Deo escam suam orietur sol, et congregabuntur, et in habita
culis suis accumbent Egredietur homo ad opus suum, et ad cultu
ramsuam usque ad vesperam quam multiplicata sunt opera tua
domine omnia illa in sapientia fecisti, impleta terra possessione
tua flic mare magnum et spatissum manibus illu reptilia, quorum
non est numerus, et animalia pusilla cum magnis fllu naves per
transibunt. leviathan quemformasti ut videat in ipso omnia
illa te expectant, ut des cibum eis intempore suo dabis illis
colligent, aperies manum tuam satiabuntur bono avertente
autem te faciem tuam, turba buntur, auferes spiritum eorum
peribunt, et impulverem suum revertentur Emittes spiritum
tuum in me (ici doit se nommer la personne, qui prie) et
créabor, et renovabis faciem meam sit gloria domini in æter
num lætetur dominus in operibus suis qui respicit terram et
contremiscet, tanget montes et fumabunt cantabo domino
in vita mea, psallam deo meo quamdiu fuero jucundum sit
ei eloquium meum, ego vero læta latabor in domino deficiant
peccatores eterra, et impii amplius non sint benedic anima mea
domino, alleluja

Oraison.

ʸ 17

omnipotens æterne deus, qui totam creaturam condidisti in
laudem tuam, et honorem tuum administerium hominis orote
atque obsecro, ut spiritum (ici on nomme l'ange du jour) emittere
digneris, qui me doceat queillum cum justitia et pietate interroga
vero verum non mea fiat voluntas sed tua: per nomen sanc
tissimum tuum, qusd exaltetur per omnia secula

154

Oraison à l'ange

o bone angele (on nomme ici l'ange du jour) qui es proepositus
Diei (on nomme le jour ou l'on est) te deprecor, ut Dominum deum
tuum et meum, qui in te potentium et fortitudinem super omni
bus ingenium et vigorem posuit, supplices, ut concedere mihi
digneturis hanc artem kabalæ (ou autre science) et quod mihi assistas
in meo auxilio, et accipias meum hoc nomen (savoir le nom de la
personne qui prie) quod confirmo super te ut perficias omne meum
velle, et illumines et doceas quæ operaturus ero in hac scientia
amen. amen. amen fiat fiat. fiat

De la cabale mixte seconde

partie

Dans cette seconde partie il s'agit de traiter des secaux, des pentacles
ou heptacles, qu'on doit porter sur soi suspendus au col, pour
obtenir les graces qu'on demande   pour les composer d'une
maniere qui soit suivie du succés desiré, il faut etre preparé comme nous
avons dit dans la premiere partie, et s'abstenir de tout peché pendant
sept lunaisons ce nombre etant misterieux, et de grand valeur et
force dans les operation cabalistique Il faudra avoir soin de ne pas
se servir de ces choses que dans des cas de grand necessité, et d'éviter
de faire des épreuves de petite curiosité, car cela tourneroit au de
riment de la personne qui les feroit ainsi car il est ecrit non assumes
nomen Dei tui in vanum

Des matieres propres a ces operations

Il y a trois differentes matieres, qu'on peut employer pour composer

les pentacles, dont il est ici question, savoir de l'or pur, l'argent
pur, et la cire vierge sur chacun des quels on grave les versets
de l'écriture appropriés a l'effet qu'on veut obtenir, avec les noms de
dieu et des anges necessaires à cet effet; comme nous le dirons ci après
et quiconque formera ces pentacles avec un cœur pur, et de la façon
que nous disons, sera étonné de leur efficacité, la quelle est très
superieure à d'autres operations de ce genre ⸻ pour toutes les
maladies et infirmités du corps il faudra employer la cire vierge
très pure et très nette. quand aux autres effets, on pourra employer
l'or ou l'argent, mais l'or surtout quand on voudra obtenir une
grace de quelque prince

Operation

on commence par se proposer l'objet que l'on desire obtenir, comme
bienveillance, amitié honneurs richesses, santé, victoire sur les ennemis
science divination, revelation, et choses semblables: on choisit une
des trois matieres ci dessus nommées, et quoiqu'il soit bon de commencer dans un samedi cependant le pentacle aura beaucoup plus
d'effet s'il sera commencé dans un jour où domine une planete qui
influ directement sur l'objet de la demande. comme dans l'exemple
ci après. Ayant donc choisi un jour analogue, on aura tout prêt
avant le lever du soleil un feu neuf allumé pour purifier la
matiere, et avant de la mettre au feu on la benira en recitant
pardessus la priere suivante sept fois

Priere de la benediction

Domine quam multiplicati sunt tribulantes me, multi insurgentes
adversum me. Multi dicunt animæ meæ, non est salus ipsi in deo
sela tu autem domine susceptor es meæ, gloria mea, et

156.

exaltans caput meum voce mea ad Dominum clamabo, et respon
det mihi de monte sanctitatis ejus Ego jacui et dormivi, exsurrexi
quoniam dominus sustentabit me non timebo proelia populorum
qui in circuitu positi sunt adversum me Exurge domine, salvum
me fac deus meus quoniam percussisti omnes inimicos meos in
maxilla dentes impiorum confregisti domini est salus super hanc
creaturam (ici on nomme la matière) benedictio tua sela Ecce nunc
benedicite dominum omnes servi domini; qui statis in Domo Domini
in noctibus extollite manus vestras ad sanctitatem et benedicite Dominum
Benedicat te (créatura (ici le nom de la matière) Dominus ex sion qui
fecit coelum et terram Stæc créatura (ici encore le nom de la matière)
accipiet benedictionem a Domino, et misericordiam a dee salutari suo
Etenim benedictionem dabit legislator, ibunt de virtute in virtutem
(on nomme ici la matière) videbitur deus deorum sion quoniam illic
mandavit dominus benedictionem et vitam usque in seculum

Oremus

sapientiâ tuâ domine deus cuncta disposita utque omnia tua virtute
et gratia perficiantur, créaturam istam (ici on met le nom de la matière
benedic Domine et sanctifica, ut in conspectu tuo quid quid eis
peragimus ad omnium inimicorum tuorum tuorum incursus
exsurgamus victores per nomen sanctis sinium tuum quod exaltatum
sit in sæcula Amen

Aprés avoir recité cette benediction sept fois sur la matière
comme nous avons dit ci dessus, en couvrant la matière de la
main droite pourtant la toucher, on la jette sur le feu dans un
pot neuf soit de terre ou de feu, et aussitot qu'elle est sur le feu, on
lui fait des fumigations odoriferantes si c'est pour obtenir le bien
ou bien puantes si c'est pour le mal immediatement aprés la
fumigation et pendant que la matiere se fond sur le feu il faut

reciter le deux oraisons qui sont ici a la page 17 ayant soin d'y
changer les noms de dieu et des anges analogues au jour et a l'objet
qu'elon se propose remarquez que pendant les fumigations qui
doivent aussi se faire chaque jour sept fois on prononcera a chaque
fumigation les versets de l'ecriture analogues a l'objet pour lequel
on travaille, tels qu'on les verra ci apres — cela fait, dés qu'on
verra que la cire est fondue ou que les metaux sont bien rouges
on les jettera dans du vin blanc acheté a cet effet expréssement
ce qui s'appelle purifier la matiere cette purification se repete
tous les matins sept fois de la meme maniere, et avec les meme
prieres, dans les quelles on ne change que les noms du jour
comme nous l'avons observé ci dessus et tout cela se repete
pendant sept jours consécutifs mais dans le dernier au lieu
d'employer du vin blanc pour purifier la matiere on se
servira d'eau rose benite — remarquez encore que a l'instant
que vous jettés la matiere dans le vin blanc ou dans l'eau de
rose, il faut aussi reciter de nouveau les memes versets de
l'ecriture qu'on a recités pendant les fumigations
cette operation se fait toujours tourné du coté du levant
la matiere ayant été ainsi benie et purifiée avec beaucoup
de devotion, et avec une forte intention de lui implanter
la vertu que l'on desire, on attendra le huitieme jour, dans
le quel toujours avant le lever du soleil on allumera le feu
on le benira en disant — benedic Domine hanc creaturam
ignis, ut valeat ad effectum quem peto a bonitate tua atque
omnipotentia tua per nomen sanctissimum tuum quod
exalletur per omnia secula amen
on met ensuite la matiere sur le feu ou dans le feu, on
la suffumige sept fois en repetant a chaque fois les versets

de l'Ecriture approprieu au sujet: et pendant que la mattiere
se fond on recite l'oraison a dieu et a l'ange du jour p. 17.
et quand on verra qu'elle est fondue on la jettera dans le
moule qu'on aura préparé d'avance à cet effet: et en meme
tems on recitera de nouveau les versets de l'Ecriture, ajoutant
les paroles suivantes. omnipotens ⴲterne deus esto propitius
mihi N.N. famulo tuo, et vos omnes angeli dei, quorum nomina
inscripta manent in hoc signaculo (ici on met le nom de la matiere
estote mihi in auxilium ad obtinendum (on nomme ici ce que l'on desire
obtenir) peu sanctissima nomine et peu omnes virtutes domini dei
créatoris nostri, qui exaltetur in secula ———— si la matiere dont
on fait le pentacle est de la cire, on y mele pendant qu'elle est fondue
les ingrediens analogues au mal qu'on veut guerir, come par exemple
lorsqu'il s'agit de plaies ou ulceres, on y mele de l'huile rosat et autres
propres à cela; et ainsi des autres maux on applique cette cire sur le
mal. qui se trouvera gueri en sept jours sans faute. on doit surtout
remarquer l'avantage bien precieux qu'il y a dans les pentacles de cire
c'est qu'il peuvent aussi etre utiles pour une tierce personne quoiqu'elle
soit éloignée pourvu que dans les prieres on fasse mention de cette
circonstance pour obtenir cet effet on fait venir du sang de la personne malade absente, on y tient le pentacle dessus, et l'on recite les paroles
suivantes. Esto nobis domine pater liberater noster in omnibus
infirmitatibus nostris propter ineffabilem misericordiam tuam et
vos angeli dei potentes virtute qui facitis voluntatem ejus et quorum nomina inscripta manent in hoc signaculo, adjuro vos ut per
omnia que ipse creavit ideo, et per virtutem vestram, auxilium
statim adferatis (ici on nomme la personne malade) ut salvus et
liber evadat ab infirmitate sua (ici l'on nomme la maladie, et la
partie malade, si le mal occupe quelque partie particuliere du corps)

quâ corpus suum nunc laborat, et ab omnimalo amen. amen. amen
Ensuite on finit par reciter les versets de l'ecriture appropriés au mal
et qui sont aussi ecrits sur le pentacle   De cette maniere deguerir
les maladies tient un peu de la simpatie, ainsi que cela se trouve
expliqué dans les livres des secrets de la nature, et des physiciens et
quoique cela paroisse impossible à ceux qui ne savent pas penetrer
les secrets du mistere mixte nous devons pourtant croire que cela
se fait ainsi. parceque les operations, par les quelles nous entendons
rectifier ou alterer l'etat d'un sujet eloigné sur le quel nous travaillon
ont une corres pondance directe, et une tendance a ce meme effet
pour le quel elles sont faites expressement. de maniere qu'elles
agissent sur le sujet eloigné avec d'autant plus de force que l'in
tention de l'operateur est plus forte, en tant qu'une partie du meme
sujet se trouve sous la main de l'operateur, et retient une portion
des esprits subtils de l'individu malade sur les quels agissent les paroles
appropriées a son etat, et par la communiquent leur effet car les paroles
seules seroient inanimées, au lieu que proferées sur la chose, ou sur
une partie de la chose elle deviennent animées et efficaces, et produi
sent le bien ou le mal qu'on entend de produire

De la manier de faire le pen tacle
ou heptacle

On appelle heptacle ce pentacle, parcequ'il composé de sept angles
comme on le voit dans la figure ci contre, dans les premiers angles
autour de la circonference on y ecrit les sept noms de Dieu en comen
çant par Elohim gibor, et ensuite les autres ensuite plus en dedans on
ecrit les noms des sept anges de Dieu. Et enfin dans le centre on ecrit les
versets de l'ecriture appropriés a la chose que nous demandons, tels qu'on
les trouvera de crits ci apres

nous avons dit ci dessus que l'on pourroit commencer l'operation par un samedi, et la terminer par le samedi suivant, qui comme l'on sçait, et le dernier jour après la création, où le créateur s'est complu dans ses ouvrages. mais si l'on veut faire des pentacles qui ayent une force beaucoup plus grande, on les commencera dans le jour d'une planete, dont l'influence est favorable à l'objet que l'on se propose par exemple en supposant que l'on veuille former un pentacle dans l'intention propre à obtenir une grace de quelque prince, on le commencera dans le jour de dimanche avant le lever du soleil, et l'on continuera l'operation pendant sept jours, et l'hritieme jour qui sera le dimanche suivant on formera le pentacle, de la maniere que nous avons dit, en observant toujours de placer dans la premiere place du haut du pentacle le nom de dieu et de l'ange du jour. comme dans cet exemple on mettroit enhaut le nom de Eloha vaudaotte pour le jour de dimanche, et celui de michael qui est son correspondant de ce jour ⟶ pareillement si on vouloit etre victorieux contre des adversaires, des ennemis ou dans des procès, on mettra en haut le nom de Elohim gibor et au dessous on mettra le nom de samael, qui est l'ange de mars; et dans ce cas l'on commence roit son operation le mardi ⟶ on voit par tout ce que nous venons de dire que cette seconde partie de la cabale mixte étant un peu compliquée, il sera necessaire de la bien etudier pour ne pas se tromper en la mettant en exécution Et pour en etre plus sur il sera très utile et très commode de se faire un formulaire pour chaque jour, afin d'y adapter les prieres et l'on verra par l'Ex perience que l'on sera bien dédommagé des peines que l'onse sera donnés par les resultats merveilleux que l'on obtiendra ⟶ Enfin on doit observer en dernier lieu, que l'effet que nous desirons devant s'operer hors de nous nous obtenons par la fixation des ⟶

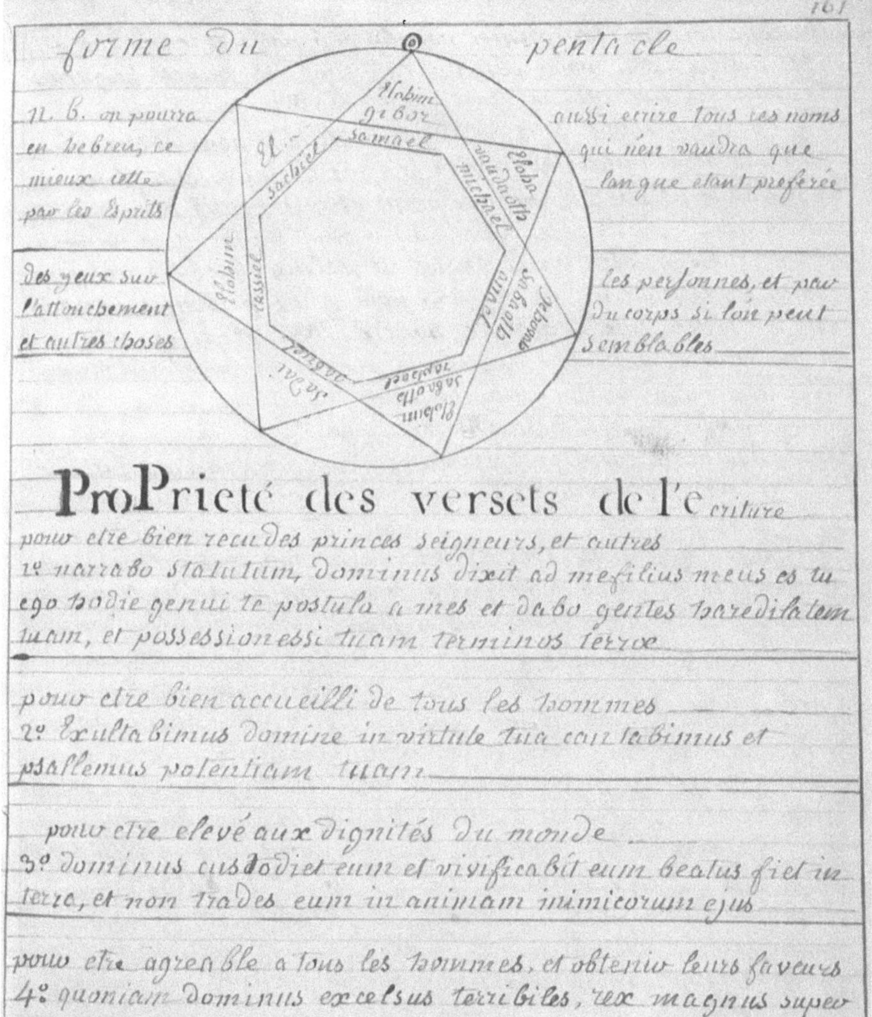

ProPrieté des versets de l'e criture

pour etre bien recu des princes seigneurs, et autres
1° narrabo statutum, dominus dixit ad me filius meus es tu
ego hodie genui te postula a mes et dabo gentes hæreditatem
tuam, et possessionessi tuam terminus terræ

pour etre bien accueilli de tous les hommes
2° Exultabimus domine in virtute tua cantabimus et
psallemus potentiam tuam

pour etre elevé aux dignités du monde
3° dominus custodiet eum et vivificabit eum beatus fiet in
terra, et non trades eum in animam inimicorum ejus

pour etre agreable a tous les hommes, et obtenir leurs faveurs
4° quoniam dominus excelsus terribilis, rex magnus super

omnem terram comprimet populus sub nobis, et regna sub pe
dibus nostris ❧ pour obtenir l'affection des princes Seigneurs
et de tous les hommes, et leur être agréable
5° florebit in diebus suis justus, et multitudo pacis donec non
sit luna Et dominabitur a mari us que ad mare, et a flumine
usque ad terminos terræ ❧ pour être nommé aux dignités
de ce monde ——— 6° Exaltabitur sicut unicornis cornu meum
conspersus sum oleo viridi Justus ut palma florebit, sicut cedrus
libani multiplicabitur ——— ❧ pour qu'une personne ne puisse
pas te refuse une demande honcte ❧ 7° Et ego semper
teuum tenuisti manum dexteram meam Jn consilium tuum
deduces me, et postea in gloria assumes me
Pour resister aux ennemis domestiques
8° Ego jacui et dormivi, exsurrexi quoniam dominus sustenta
bit me non timebo prælia populorum qui in circuitu positi
sunt adversum me   pour derouter les hommes
menteurs ou traitres ❧ 9° quoniam non deus volens iniqui
tatem tu es non habitabit juxta te malignus perdes loquentes
mendacium, virum sanguinis et fraudis abominabitur dominus
pour retrouver les choses occultes ❧ 10° Immensæ sunt
gentes infoveä, quam fecerunt, in rete, quam absconderunt,
captus est pes eorum notum dominus fecit judicium: in opere
palmarum suarum illaqueatus est impius sela
pour prosperer en toutes choses ❧ 11° dominus sors partis
meæ, et calicis mei, tu sustentabis sortem meam funes
ceciderunt mihi in jucundis, insuper hæreditas præclara mihi
pour etre delivré de toute contrarieté, et tribulation
n° 12 ne elongeris a me, quoniam tribulatio proxima
quoniam non est qui me adjuvet tu autem domine ne elonge
ris, fortitudo mea in auxilium meum festina

pour savoir si un malade doit mourir ou vivre

n°13 N.B. s'il doit survivre, on aura la reponse dans le jour
si non, il mourra — Exultabimus Domine in salute tua; et in
nomine dei nostri erigens vexillum impleat dominus omnes
petitiones tuas ———— n° 14 pour etre en sureté en passant par
des lieux suspects et dangereux ∞ Dominus pastor meus
animam meam restituet diriget me per semitas justitiæ
propter nomen suum Etiam cum ambulavero per vallem
tenebrosam non timebo malum, quoniam tu mecum es virga
tua, et pedum tuum ipsa me consolabuntur —
n° 15 pour etre pourvu d'aliments et d'habillement
Domine ordinabis in conspectu meo mensam adversus tribulan
tes me impinguasti in oleo caput meum, calix meus superabun
dans veruntamen bonitas et misericordia sequentur in omnibus
diebus vitæ meæ, et quiescam in domo domini in longitudine dierum
n° 16 pour faire reposer un malade — ∞ anima ejus in bono
dormiet, et semen ejus hereditabit terram oculi mei semper ad
Dominum, quoniam ipse educet ex rete pedes meos
n° 17 pour ne pas etre mordu d'aucun chien, ou serpent ——
fili silis sicut equus et mulus, in quibus non est intellectus in chamo
et fræno maxillam ejus ut constringas ne appropinquet ad te
n° 18 contre les persecutions des hommes puissants, et des tirans ——
sint sicut pulvis ante faciem venti, et angelus domini expellens
sit via illorum tenebræ, et lubricum, et angelus domini persequens
eos ∞ n° 19 pour faire qu'une femme en mal d'enfant accouche
sans douleur ∞ quam pretiosa misericordia tua deus, et filii
adam in umbra alarum tuarum confident quoniam tuam fons
vitæ, in lumine tuo videbitur lumen ———
n° 20 pour confondre un ennemi qui viendroit armé contre
nous, et ne nuise pas ∞ Salus autem justorum a domino ——

154

fortitudo eorum intempore tribulationis, Et adjuvabis illos
dominus, et eripiet illos eripiet illos ab impiis et salvabit eos
quia speraverunt in ea ⁂ nº 21 pour être heureux dans
toutes ses affaires ⁂ quoniam dominus excelsus terribilis
rex magnus super omnem terram, se liget nobis hæreditatem
nostram, magnificentiam Jacob quem dilexit
nº 22 pour se garantir des mechans juges qui persecutent
inigt le pauvre ⁂ lætabitur justus quoniam vidit ultionem
plantas suas lavabit in sanguine impii, et dicet homo utique
est fructus justo, utique est Deus judex in terra
nº 23 pour obtenir les choses necessaires à la vie
nolite sperare in calumnia et rapina: nolite fieri vanitas
divitiæ cum affluant nolite cor apponere Et est tibi domine
misericordia quoniam tu reddes viro secundum opera ejus
nº 24 pour que l'homme soit comblé des biens dans sa famille
sic benedicam te domine in vita mea, in nomine tuo extollam
palmas meas sicut adipe et pinguedine satiabitur anima
mea, et cum labiis exultationis laudabit os meum
nº 25 pour obtenir en abondance les fruits de la terre
coronasti annum bonitatis tuæ, et vestigia tua stillabunt
pinguedinem vestient planities pecora, et valles sperien
tur frumento jubilabunt atque canent
nº 26 pour obtenir la pluie dans le tems convenable
visitasti terram, et irrigasti eam plurimum dotasti eam
rivulus dei repletus est aquis præparabis frumentum
eorum quoniam sic præparabis eam sulcos ejus inebria
aqua cumulos ejus, imbribus lubricam eam redde germini
ejus benedices ⁂ nº 27. pour louer Dieu de ce qu'il nous a
accordé les biens de la terre, et par là obtenir à l'avenir
ces biens plus abondament

omnis terra adoret te, et psallat tibi, psallat nomini tuo sela
venite et vidite opera dei terribilis opere super filios adam
nº 28. pour remercier dieu de l'abondance des fruits de la terra
terra dedit germen suum, benedicat nos deus deus noster
celebrabunt te populi deus celebrabunt te populi omnes
nº 29 contre les dangers des eaux et de la mer, et pour en
etre sauvé vite &c dixit Dominus, ex basan convertam
convertam de profundis maris ____________
nº 30. pour etre heureux a faire toutes choses ____________
veritas de terra germinabit, et justitia de cœlo prospexit
etiam dominus dabit bonum et terra nostra dabit fructum
suum &c pour avoir dieu en sa garde qui habitans in abdito
altissimi, in umbra omnipotentis commorabitur dicam
domino spes mea, et munimentum meum, deus meus confidam
in eo &c nº 32. contre les armes &c quoniam ipse liberabit
me de laqueo venantis, a peste pravitatum &c alis sua operiet
me et sub pennis ejus confidam, scutum et parma veritas ejus
nº 33 pour etre en sureté dans tous ses voyages ____________
quoniam angelos suos praecipiet adesse mihi ut custodiant
me in omnibus viis meis super palmas portabunt me, ne forte
offendam in lapidem pedem meum ____________
nº 34 pour etre garanti de toute bête et serpents ____________
super leonem, et aspidem iter facies, conculcabis catulum
leonis, et draconem quoniam me concupivit eripiam eum
protegam eum quoniam cognovit nomen meum ____________
nº 35. pour conserver sa vie avec ses biens et honneurs
invocabit me et respondebo illi cum ipso sum in
tribulatione, eripiam eum, et glorificabo eum longitudine
dierum satiabo eum, et ostendam illi salutem meam

166

nº 36 pour obtenir la sagesse de Dieu
notas fecit vias suas moysi, filiis israel studia ejus
plus et plenus gratia dominus lentus ira, et magnus
misericordia

nº 37 pour sortir de la pauvreté, et être élevé aux
honneurs et richesses Elevans de pulvere inopem, desterco
ribus exultabis mendicum ___ ut collocet eum cum principi
bus cum principibus populi sui

nº 38. pour comparoitre en jugement avec fermeté contre
des fausses accusations
il faudra se laver le visage et les mains avant le lever du
soleil, ensuite suffumiger tous ses habits, avec des choses
oderiferantes; et alors on pourra aller avec confiance en
Dieu par devant les juges et l'on tachera d'avoir toujours
en allant les versets suivants dans le coeur et dans la bouche
Domine judica causam animae meae, et libera vitam meam
respice domine quantam injustitiam mihi imponit, et
adjuva meum jus) Ettu verras comment le seigneur
exauce ceux qui ont confience en lui

nº 39 pour se sauver des corsaires et des assassins
quoniam ecce impii intendent arcum praeparaverunt sagittois eorum
super nervum, ut sagittent rectos corde ___ quoniam justus dominus
justitias diligit, rectum aspiciet vultus ejus
nº 40 pour le mem objet ___ respice, responde mihi domine deus
meus, illumina occulos meos ne quando obdormiam morte ne
quando dicat inimicus meus praevalui adversus eum, tribulantes
me occultabunt, cum lapsus fuero
nº 41 contre les voleurs de grand chemin
dominus rupes mea et propugnaculum meum et eripieno me

seu scutum meum, et cornu salutis meæ, protectio mea
Laudatus invocabo Dominum, et ab inimicis meis salvus ero
n° 42 pour se délivrer des ennemis, lors qu'on est au milieu
Deux — on prononcera aussi ces versets
Ego autem in innocentia mea ambulabo, redime me et
miserere mei — pes meus stetit in rectitudine, in excelsis
benedicam Domino

n° 43 pour savoir une chose occulte
tu prendras un anneau sans chaton ni pierre, tu l'attacheras
à un fil, et tu le tiendras suspendu au milieu d'un verre d'eau
et tu diras ~ Ecce veritatem direxisti in intentionibus, et in occultis
sapientiam notam mihi facias

n° 44 pour arrêter des serpens, afin qu'ils ne bougent pas
(exsurgat deus et dissipentur inimici ejus) quand on voudra les
faire partir on dira) Et fugiant qui oderunt eum a facie ejus

n° 45 pour gagner un procés
Deus adstat in congregatione judicis, in medio deorum, judicabit
itaque quo judicabitis iniquitatem, et facies impiorum suscipietis

Verset Pour les maladies et
infirmités

n° 1 contre l'hemorragie du nez et de toute autre partie du corps
libera me de sanguinibus deus deus salutis meæ cantabit lingua
mea justitiam tuam
n° 2 pour délivrer un malade de toute infirmité
præ vastitatem pauperum præ gemitu mendicorum exurgam
dicit dominus, poriam in salute loquetur pro se ipso

n° 3 (dem) quoniam circumdederunt dolores mortis, et congre
gationes beliam perterruerunt me ___ Dolores inferni circumede
runt me, prævenerunt offendiculo mortis ___ Et dedisti mihi
scutum salutis tuæ et dexterâ tuâ confortasti me, et mansuetudin
tuâ mulliplicastime ___
n° 4 contre la fievre maligne) Domine deus meus clamavi ad
te, et sanasti me ___ Domine exaltasti ex inferno animam meam
vivificati me, ne descenderem inputeum ___
n° 5° pour le mal aux dents et la fracture des os ___
quis est vir qui vult vitam, diligit dies et videat bonum ___
custodit omnia ossa ejus unum ex his non est fractum
n° 6 pour le mal aux yeux) cor meum circuivit, dereliquit
me virtus mea et lumen oculorum meorum insuper etiam
ipsi non sunt mecum ___
n° 7 pour le mal caduc) non est sanitas in carne mea a facie
iræ tuæ; non est pax in ossibus meis a facie peccati mei quoniam
iniquitates meæ supergressæ sunt caput meum, sicut onus grave
ponderosiores faitæ sunt super me ___
n° 8 contre la fievre) Dominus confortabit eum super stratum
doloris, universum cubile ejus, convertisti in infirmitate ejus
Ego dixi domine miserere mei sana animame quamvis ___
penaverim tibi ___
n° 9. contre toute hemorragie) libera me de sanguinibus
Deus salutis ___
n° 10. contre une hemorragie de femme) In deo laudabo verbum
ejus, in deo speravi, non timebo quid faciat caro mihi
n° 11. pour le mal de tete) quoniam gloria virtutis eorum tu
et in voluntate tua exaltabis cornu nostrum ___
n° 12 pour la fievre tierce) memento mei domine in bona
voluntate ergo populum tuum, visita me in salute tua

nº 13. pour la fievre continue) misit verbum suum, et sanavit eos, et libera vit a corruptionibus eos ——— manifestent Domino misericordiam ejus, et mirabilia ejus filii hominum nº 14 pour guerir en peu de tems toute blessure, ou plaie Domine omnia ata veniant tua gratiâ, que niam nos sanct, neque germen, neque caratum sed verbum tuum est illud justum, et illud quod sanat omnem rem ———

De la cabale mixte troisieme partie

cette troisieme partie, qui contient l'art angelique nous indique assés par son nom seul combien il faut vivre purement et sautement avant que de la commencer, se figurant toujours detre en la compagnie des anges de Dieu, et en observant un maintien tel qu'il nous convient d'avoir avec eux comme si ils étoient réellement devant nous et visibles a nos yeux ———

le jour donc qu'on voudra faire cette operation on tachera detre exempt de tout peché, mem de tout peché veniel, on aura lesprit tout occupé de ce que l'on va faire, et l'on sera penetré d'une veritable croyance et humilité en repetant souvent depuis le lever du soleil jusqu'au coucher ⸏ omnipotens aeterne deus fons misericordiae propitius esto mihi famulo tuo quem creare dignatus es ———

on aura soin de jeuner ce jour la, et de ne manger qu'à lheure permise dans les jours de jeune ——— lorsque la nuit de ce jour la sera venue, il entrera seul dans sa chambre, qui doit etre entretenue tres propre, et dans la quelle ce jour la il ne soit entré personne, en entrant dans sa chambre il aura un encensoir à la main dans le quel il aura mis de l'encens blanc, du mastic du bois daloé, et autre odeurs, et il encensera toute la piece et les autre pieces de son ———

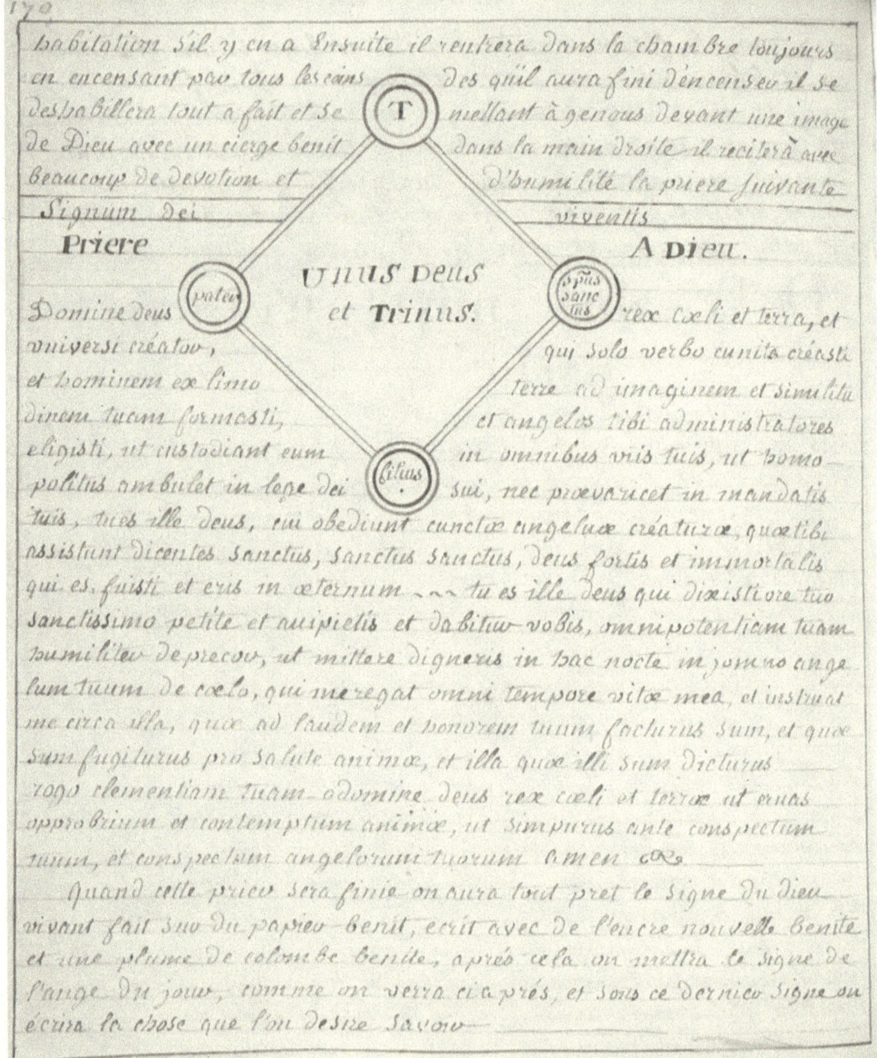

170

habitation s'il y en a Ensuite il rentrera dans la chambre toujours
en encensant par tous les coins   des qu'il aura fini d'encenser il se
desshabillera tout a fait et se   mettant à genoux devant une image
de Dieu avec un cierge benit   dans la main droite il recitera avec
beaucoup de devotion et   d'humilité la priere suivante

Signum Dei   viventis

T
pater   sps sanctus
filius
Unus Deus et Trinus.

Priere   A Dieu.

Domine deus universi creator,   rex cœli et terra, et
et hominem ex limo   qui solo verbo cuncta creasti
dinem tuam formasti,   terra ad imaginem et similitu
eligisti, ut custodiant eum   et angelos tibi administratores
politus ambulet in lege dei   in omnibus viis tuis, ut homo
tuis, tu es ille deus, cui obediunt cunctæ angelicæ creaturæ, quæ tibi
assistunt dicentes Sanctus, Sanctus Sanctus, deus fortis et immortalis
qui es, fuisti et eris in æternum ~~~ tu es ille deus qui dixisti ore tuo
sanctissimo petite et auripietis et dabitur vobis, omnipotentiam tuam
humiliter deprecor, ut mittere digneris in hac nocte in somno ange
lum tuum de cœlo, qui me regat omni tempore vitæ mea, et instruat
me circa illa, quæ ad laudem et honorem tuum facturus sum, et quæ
sum fugiturus pro salute animæ, et illa quæ illi sum dicturus
rogo clementiam tuam o domine deus rex cœli et terræ ut ernas
opprobrium et contemptum animæ, ut simpurus ante conspectum
tuum, et conspectum angelorum tuorum amen

Quand cette priere sera finie on aura tout pret le signe du Dieu
vivant fait sur du papier benit, ecrit avec de l'encre nouvelle benite
et une plume de colombe benite, après cela on mettra le signe de
l'ange du jour, comme on verra ci après, et sous ce dernier signe on
ecrira la chose que l'on desire savoir

apres cela on se levera ayant en main les dits signes, on éteindra le cierge, on mettra ces signes sous le chevet du lit, et l'on se couchera tranquillement. quand on sera dans son lit on recitera devotement ses prieres accoutumées de tous les jours, et enfin on dira la priere de l'ange du jour; comme on la verra ci après et qu'il faudra avoir apprise par cœur; en observant toujours de choisir les jours dirigés par l'ange, dont le ministere est analogue à nôtre demande

L'ange de samedi est uriel et voici son signe avec son Caractere

Priere de l'ange.

memento mei Domine, qui ad similitudinem tuam creasti me, et dedisti mihi animam rationa lem tuam angelis intelligam, et in caritate tua maneam scio me esse indignum propter mea scelera, et pavesco atque erubesco ante præsentiam tuam comparere, sed confisus misericordiæ tuæ ad te venio quasi cervus ad fontem aquarum ut mittere digneris sanctum angelum tuum uriel, qui me doceat et instruat et que dicat quid facturus sum, et quid evitare et fugere debeam ⟶ veni angele Dei, veni uriel, et noli tardare, quia in te confido, in te spero per misericordiam Dei creatoris tui et mei amen

L'ange de jeudi est salatiel, et voici son signe avec son caractere.

Priere de l'ange.

memento mei domine, qui confregisti ora draconum et cæcitatem david qui prævaricavit in conspectu tuo, in numerando populum tuum, ad quem misisti angelum tuum salatiel de cælo qui in ore gladii

178.

interfecit uno die quadraginta millia homines, et misertus fuisti
david servitui plorantis, et misericordiam tuam petentis ita et
me famulum tuum et plorantem ate misericordiam potentem
illuminare digneris per medium angeli tui salatiel, qui me
custodiat instruat, ac doceat secundum magnam misericor
diam tuam Amen

L'ange de Mardi est Michael et voici son signe avec son
caractere

martis

Prier · de · lange·

O Domine Deus omnipotens, in cujus manus sunt
omnia jura regnorum, et quis est ille qui possit
resistere voluntati tuæ su es ille de que scriptum
est sanctum et terribile est nomen ejus sues ille
in cujus manu sunt claves regni calorum et infernorum qui
misisti angelum tuum michael pugnantem um dracono, et
includentem et conculcantem eum in puteo inferni, sicut
scriptum est per Johannem apostolum in ejus apocalysi, et clau
sit cum per annos mille jta te domine Deus humillime deprecor
ut mittere digneris angelum tuum michael, qui cum manu
valida sit fortitudo mea in omnibus meis negotiis negotiis
peragendis pro salute animæ meæ vel corporis mei per infinitam
misericordiam tuam Amen

L'ange de Dimanche est Raphael, et voici son signe
avec son caractere

solis

Priere · de · lange·

o Domine Deus omnipotens, qui populum tuum
fugientem de ægypte deambulare fecisti pernoctem

illuminatam columna ignis ardentis, et per diem per nubem
refrigerantem, et per madeum maris rubri siccis pedibus comitatum
per angelum tuum et liberasti tobiam filium tobiæ de flumine
et a demone sathanæ, revertentem incolumem ad patriam et
domum suam, et cœcitatem patris sui illuminasti fac, exoro
ut videre valeam misericordiam tuam per medium raphael
angeli tui me comitantis istum quœso domino deus meus
mitte angelum tuum raphael, qui me illuminet omnibus
diebus vitæ meæ, et sit custos mei, et instruat ac doceat me
dormientem, per misericordiam tuam Amen

L'ange de vendredi est Analiel, et voici son signe avec son caractere

Priere de lange

Memento mei Domine, qui dixisti ore tuo sanctis
simo, in quacunque hora petieritis aliquid a patre meo
dabitur vobis in nomine meo, potentiam tuam precor
ut mittere digneris in hac nocte angelum tuum sanc-
tum anatiel, qui me instruat et doceat circa ea, quæ ad tui nominis
gloriam sunt facturus, ut fugiam omnes adversitates satanæ, qui
sicut leo rugit ut devoret animam meam: sed tu o domine misericor
es et omnipotens, et hanc gratiam mihi largiri potes veni angele
dei et sis in comitatu meo, staut in tua prœsentia nullus inimicus
mihi nocere valeat vein et noli tardare, quia inte confido et spero
per misericordiam dei creatoris nostri Amen

L'ange de Mercredi est adaniel, et voici son
signe avec son caractere

Priere de lange

174

memento mei domine, et miserere animæ meæ, sicut misertus
fuisti abrahæ, qui secundum voluntatem tuam post ponendo
paternum amorem ergo Isaac filium suum la mente, illum
offerebat in holocaustum omnipotentiæ tuæ, et tu qui talos
omnium es, et ob summam caritatem tuam et amorem tuum
ministi angelum tuum adoniel de cælo dicentem abrahæ diverta
Diverte gladium tuum, quia dominus tenuit te, et non peper
cisti uneco filio tuo propter me Ita domine Deus tali et serræ
conditor mittere digneris angelum tuum adoniel de colis, qui
me instruat in mandatis tuis, et estendat mihi fugere malum
et quareri bonum permisericordiam tuam amen

L'ange de _lundi_ est gabriel, voici son signe avec son
caractera

Priere de lange

o domino deus omnipotens, qui pre salute gene
ris human misisti unicum filtum tuum de cælo
qui incarnatus est in ventre beatæ mariæ semper
virginis mediante avessu tui angeli gabrielis proferentis volun
tatem tuam, et annontiantem incarnationem filii tui domini
nostri jesu christi, qui natus est, et nuntia tus est pastoribus
vigilantibus semper gregem eorum per medium angelorum
tuorum clamantium et Dicentium ... gloria in excolsis deo,
et interra pax hominibus bonæ voluntatis Ita rogo te domine
deus, ut mittere digneris gabrielem angelum tuum mihi
nunti antem voluntatem tuam pre salute anima meæ, et
quid facturus sum propter honorem meum per misericordi
cune tuam amen

dès qu'on aura fini la priere de l'ange, cõe nous avons dit
ci dessus, on tachera dé s'endormir en paix, et l'on verra des
merveilles et des magnifiques choses, ainsi que l'expérience
l'a prouvé ~ on conçoit d'aprés tout cela que cette operation
est principalement dirigée à obtenir revelation de ce que
nous desirons savoir ~ N. B. Il sera tres utile de repeter
à la fin de chaque priere l'invitation à l'ange telle qu'elle
est écrite à la fin de la premiere prierre, et qui commence
par ces mots . veni veni de en ayant soin de changer le
nom selon le jour

Quatrieme partie de la
cabale mixte

cette partie qui traite directement de la divination, est aussi appellée
le livre du sort on dit qu'elle a été composée par Ghilon ancien
philosophe a alexandrie d'Égypte, et qu'aprés avoir été longtems
egarée et cachée, elle a été enfin retrouvée par revelation
observez qu'il ne faut pas demander des reponses par cette methode
que dans un cas de necessité, et le jour qu'on fera quelque demande
doit etre un jour clair, qui ne soit point troublé ni par le vent, ni
par la pluie ni par le brouillard, en prenant garde de ne pas faire
plus d'une demande dans le mem jour — Cet art a été en grand
reputation chez les anciens Sages, qui le tenoient tres secret, et
lors qu'on en fera usage, on commencera par reciter la priere
suivante, et ensuite on pensera à un nombre, ou bien l'on y
mettra l'main dessus et ce nombre donnera la reponse que
l'on desire avoir à la demande que l'on aura faite ces nombres
sont cent douze en tout, dont chacun contient une reponse
misterieus, dont il faut bien examiner le sens de chaque mot

cette operation peut se faire pour un autre personne qui auroit
quelque demande a faire, en lui disant après la priere de mettre
la main sur un des n° suivants qui ne soit pas au dessus de 112
ou bien de l'imaginer ________

Priere adieu

Seigneur des mondes tu es dieu, et ton nom est divin; tu es le dieu
des Esprits en toute chair, et dominateur sur toutes les regions
d'en haut et d'en bas, de façon qu'on te trouve par tout, et que tu
es propice a ceux qui te recherchent, et te prient je viens me
présenter à toi avec un cœur contrit et un esprit humble pour
implorer ta pitié et ta bonté, afin que tu me fasses connoitre par
ce sort la reponse vraie de ce que je demande et je cherche de
toi; que les effets de ta clemence s'étendent sur moi, et sur le
requerant ici présent, et que tu nous assistes dans notre demande
et tu nous accordes ton secours puissant pour l'effet de la reponse
car en tes mains seules sont la force, la fermeté, le conseil, et la
prudence, et nous n'avons point d'autre salut ni de confiance
qu'en toi, et dans ta loi. Et puisque nos péchés son la cause que
les propheties nous manquent et que nous n'avons plus de
prophetes, ni personne voyante et raisonnable, ni voix vivante
si ce n'est ton nom grand et terrible c'est pour quoi nous avons
recours à toi en nous servant de ce livre du sort, afin que toi qui est
le seigneur du monde et du sort, nous fasses connoitre la verité
par cette complaisance que tu as eue en voulant diviser la terre
de canaan abondante en lait et miel, et la donner en partage a
ton peuple d'israel accorde nous donc cette grace o dieu des Dieux
et Seigneurs, et que ma priere parvienne jusqu'en ta presence
En suite on prononcera ces noms Artimos, Vartimos, carghilos

et in nomine ledala, de latani, jelanan

Ici commencent les 112 reponses

1° tu as bien des craintes sur cette chose, que tu viens depenser mais rassures toi, car ce que tu demandes t'adviendra par joie et bonheur tu as dans cette demande un motif de joie, et il s'ensuivra de bonnes choses, et elle te sera accordée selon que tu le desires

2° un bon présage et un tems heureux s'annonce pour te réjouir dans cette demande jeune et prie avant ce dieu qui t'a créé, et il t'accordera ton veu mais taches de contenir ta tentation, qui est rude et quoique tu reçoives du mal des hommes, cependant ne fais pas le mal, car il te sera accordé un grand bien par le ciel; met ta confiance en le seigneur dieu

3° des anges de pitié te calment, et parlent a ton cœur rends graces a dieu, qu'it a donné du bonheur il t'éclairera et tout a coup il donnera de la joie a ton ame dans ce que tu desires, et tu verras ton vœu accompli

4° Eloignes toi de cette chose, car elles n'est pas bonne pour toi et nete réussira pas prie dieu et recomande toi à lui; il ne manquera pas de te donnera bonheur dont tu sera content et comprends bien, afin que tu l'arrive de la bonte vis a vis du monde; et prends garde pour que ta bonte vis ne se decouvre

5° leve toi, et accours vite, et rejouis toi, car dieu te procure en tout ces biens pour les anticiper cette demande t'annonce des grands contentements a venir car ta planete est resplendissant de joie, et tu aura bonne reputation

174

6° joie et bonheur tu auras, et beaucoup de biens t'adviendront dans peu: ne crains rien car cette contrariété que tu as vient de dieu, reçoi la volontiers, car ses voies sont justes, et il aura pitié de toi

7° c'est pour une bonne chose que tu te donne des peines et que tu fait ta demande, et ton desir etant bon dieu te donnera ce que tu souhaites prends confiance en lui et fais le bien abaisse toi, qu'il te donnera ce que tu demandes

8° pourquoi donc t'enorgueillis tu, et dis tu dans ton coeur des paroles qui ne conviennent point, tu desires tu penses, et esperes peu etre qu'elles anomoderont pour cela non attends, car il vaut mieux ne pas se presser, prends garde à ta personne tourne toi a dieu, implore de lui sa pitié que peut etre il te pardonnera ne t'approches donc pas de cette demande, et ne la recherche pas car il n'y aura ni content ni avantage

9° on t'annonce une bonne nouvelle, car ta planete est ascendante et t'eclaire par devant et l'ange te fait prosperer, et le bonheur t'accompagne: ayés confiance en Dieu, que ta demande est convenable pour toi

10° fils de bomme, comment tu y vois de travers la demande n'est pas bonne, car elle contient beaucoup de maux souffre de toi seul, et tu en recevras bonne recompense du ciel; et dieu changera en bien l'annee pour toi

11° fils de bomme, tout vient pourtant de dieu et comme tu dis ... j'irai et je ferai telle chose, va et rentres en toi meme, et confie en dieu, car c'est lui qui fait prosperer les personnes, et il fera ta demande, et tous tes ennemis

179

seront confondus et Dieu punira ceux qui te persecutent

12.e cette demande exige pitié renonces y ; et ne
t'obetines pas là dessus, car c'est mal implore la bonté
de Dieu qui te soulage, et eloigne de toi cette demande

13.e saches o fils d'homme qu'il t'est venu dans l'esprit une
mauvaise pensée en faisant cette demande, car il y a du
tems, et le bien se change en mal selon l'heure ; et si tu
recherches de Dieu sa pitié, il dirigera tes pas et te
recompensera bien, et tu trouveras grace auprès de lui a
ton benefice a ta fin les mechants te causeront par envie
des chagrins, et des vanites : mais prends garde que peut
etre se renforceront sur toi les noms declaré au nom de
Dieu grand et craint

14.e mon frere je vois que tu te chagrines ne crains riens n'enfonces
pas davantage la douleur dans ton coeur mais rassure toi contre
les manoeuvre des mechants, qui ne pourront te nuire, quoi
qu'ils cherchent, a te faire tomber confie toi en dieu, et ne te
tiens pas près d'eux ne leur laise pas penetrer les secrets
de ton coeur, fais leur du bien, qui sera comme du feu sur
leur tete, et tu en recevras de Dieu la recompense

15.e heureux tois, qui crains dieu dans ce monde et consideres
ce qui t'est venu en l'idée de faire je souhaite que tu obtiennes
ta demande, et dans ce voyage tu peux t'en aller en paix
tu retourneras en paix, et tu t'approcheras les mains plaines
et avec un coeur content

16.e sache mon frere, que ta demande t'est accordée et qu'on
te prepare du bien et du contentement tu verras le bien
et tu t'en rejouiras

180

17.e ceque tu prises est mal, et comment reste ton coeur tu as oublié
que cela empeche de prosperer et comment diras tu. jirai je ferai ce que
je veux puisque ce n'est pas par la force quel homme surmonte les
calamites et les maux, et malheur à l'homme qui ne s'appuye pas
a dieu, et qui se confie aux hommes: car tout est en les main de dieu
et il n'y a que la crainte de dieu qui vaille, humilie toi donc, et ne
dis pas je suis grand——————

18.e fils de l'homme tu a passé par bien des epreuves et des peines
soit par des maladies que par des mauvaises rencontre; tu as tout
oublie: ils usefe le simbole de hommes que tu as frequente, dont tu
na pas apperçu la noirceur, car si tu tétois tenu sur tes gardes, tu seroit
mieux; fais donc attention que ces hommes sont mechants, car ils
cherchent ton prejudice: prends y garde, et confis en dieu le quel
Brisera peut être leurs trames; ils veulent te rendre le mal pour le bien

19.e tu es fidele, et tu marches avec franchis: tu vois toi meme
que ta demande est juste: Saches donc que dieu est avec toi, et
que bien d'autres perfonnes t'aiment aussi——————

20.e confie toi en dieu, car ta demande te sera acordée avec
honneur, et si tu marcheras par ce che min, dieu te rejouira——————

21.e mon frere je vois que tu confie en dieu c'est pourquoi ta demande
te sera accordée avec honneur poursuis toujours de meme que dieu t'aidera

22.e saches que toute chose à son heure; et que les anges t'annonceront
aussi ton desio tant que tu sera favorisé de dieu: Donc dans ce que
tu demandes, car cela t'adviendra, et après ces jours dieu te fera
prosperer: et prends garde de ne pas te troubler par trop de hate
car il y a du temps pour tout sous les cieux; et si tu vas ainsi en
avent sans reflexion, tu broncheras, et auras honte, et enfin auras

venjeance de tes ennemis fais courage, que tu auras contentement
en cette chose; fais bien attention

22. Mon frere dieu est tout puissant car il embrasse tout. pour quoi
te tourmente tu le corps et l'ame: si tu continues ainsi, tu te perdras
rejette de ton coeur tout cela, et rentre en toi meme, car tu n'as rien
a esperer de cette Demande: Peut etre a la fin tes affaires seront bien

24 saches qu'il vaut mieux etre patient que puissant; car celui,
celui qui domine ses volontés peut plus que celui qui prend Des
villes tu as fait ce que tu ne voulois pas; et à present dieu a déjà
termine ta demande pour le bien

25 que dieu jette sur toi un regard de pitié, et il te fera prosperer
et enverra les anges de paix devant toi et te preservera de tout
mal; c'est lui qui a reglé ta demande pour le bien

26. C'est un moment de bonté, qui s'est presenté à toi, ainsi que
de bonne fortune; toutes tes de marches, et tous tes souhaits sont
accomplis, et ta reputation augmentera, à ta satisfaction

27e confie toi en dieu, et eloignes toi de mauvais voisin prends
courage, et ne crains pas les mechants, les quels ne pourront te
nuire, si tu t'abstiens de les frequenter, car ils ne conseillent
que le mal. dieu te soutiendra, ceci tournera à ton avantages
et te fera oublier tous tes chagrins; que ta demande soit pour le bien

28e ta Demande est sincere et vraie sans vanité et rapportera
la paix la joie, et une vie exempte de chagrins; mais quand
a present attends encore un peu, car tu ne tardera pas de recevoir
du contentement, prie dieu, et il te contentera

29e rejouis tois au sujet de ta demande car dés a present tu n'aura
point de chagrin, ni contrarieté; et remercie dieu qui t'a preservé

162

de la mort a ton insçu, mais tu sauras bientot comment la chose
est prouvée, et il semble que tu ne ténes pas appercu: mais ta
planete est ascendante et dans un aspect favorable
30.° ne crois point a ton camarade, et ne te confie point au
Superieur pour ce qui est en ta sagesse: sois circonspect et garde
le silence Saches que tous tes amis sont faux, ils te haïssent
en secret, ils te portent envie, ils mangent et ils boivent avec toi
et parlent mal de toi: évites les, car Dieu est avec toi, et il te sauvera

31.° Combien de fois l'estu donné des peines pour cette demande
sans l'avoir pu obtenir: parceque ce n'est pas encore le tems
et que c'est une chose occulte: mais dieu en rapprochera le tems
et tems, et accordera ta demande pour le bien, et avec bonheur
et joie
32.° prends garde, et ne te troubles point: car tu ne peux pas
insister sur cette demande son temps n'est pas encore venu, et
il y a tems pour tout supporte encore un peu conduit toi avec
prudence, et attends, que dieu te consolera
33.° confie toi en dieu, et dans peuarrivera le moment heureux, ou le
ciel t'accordera ce que tu desires avec succés: il t'adviendra une
grande reputation, tu aura un collier d'or et Benis dieu qui t'a
exaucé
34.° pour quoi ténorgueillis tu, et pourquoi te vantes tu dans une
chose que tu ne peux pas faire: éloigne toi de cette demande
pour cette fois, ou tu ne peux pas y réussir, car son tems n'est
pas venu; et quand même tu y parviendrois en partie, abstiens
en toi, car il ne t'adviendroit aucun avantage; et sa fin seroit
mauvaise
35.° Il est certain et évident que ta demande te sera accordée avec
bonheur joie, et prosperité

36.e Dieu est avec toi, et ta demande est agrée; elle te consolera
comme tu desires; c'est pourquoi benis le de ce qu'il t'a repondu
37.e Beaucoup de peines, et d'infirmités sont pretes de tomber sur toi
hate toi de louer dieu, il te servira de bouclier, et fera des miracles
pour te sauver confie toi en lui, qu'il accordera enfin ta demande
38.e ta demande te sera accordée, car dieu est avec toi
39.e tu roules dans ton esprit plusieurs projets cette demande ne
vient que de dieu, et si tu l'avois souhaitée plutot, tu ne l'aurois
pas obtenue; mais à présent rassure toi, que dieu est avec toi, et il
t'aidera
40.e les anges de paix viennent à ta rencontre pour te faire prospe
rer, car ta planete te favorise tes ennemis tomberont devant toi
ne les crains pas ta mense sera comblée de bien, et tes trésors se
rempliront de satieté; et ta demande te sera accordée
41.e le salut du juste vient de dieu... et ne dis pas c'est avec force
et mon adresse que je me suis tire d'affaire loue dieu, et quoique tu
sois sot, dieu pourtant remplira ta demande, et prends garde dans
ta vie, avant qu'il ne te serre
42.e j'ai vu des hommes qui te cherchent noise en secret; ils mangent
et boivent avec toi, et projettent dans leur esprit du mal contre toi
ne crains rien de leurs mechanceté, car dieu est avec toi
43.e pourquoi te chagrines tu? rejette le chagrin de ton coeur; et
saches que si tu avois tout fait, et si tu t'étois eloigné plutot, tu
serois à présent debarassé on te cherche, prends garde, et prie dieu

44.e le ciel va repandre sur toi beaucoup de biens et de contentement
tu vas avoir de la prosperité et de la joie de cette demande; prepare
toi à louer dieu avec un coeur sincere, et non avec deux coeurs et
l'issue en sera heureuse

45°. ta demande te réussira, et bonheur t'apportera
saches que tu te renouvelleras, que tes ennemis seront
confondus ; que faveurs nouvelles et bonheurs te seront donnés
ne sois point honteux ni t'avilis point, et ne t'étourdis point
car il t'adviendra grand contentement

46°. ne pense pas a cette demande qui n'est pas en ton pouvoir
et ne réussira pas selon ta volonté car je te vois haineux
haïssent le bonnes mœurs et aimant ce qui est injuste
quitte ce chemin et marche par un chemin droit, et tu
acquerras grande richesse, et tu n'auras plus besoin de
personne, quoique tu fasses des choses indecentes fais y atten
tion, et travaille avec dans la crainte de dieu, et tu prospere
ras dans ce que tu feras

47°. je vois que l'on te donne des mauvais conseils, et quel
l'on jette sur toi bien des choses qui te font craindre, éloigne
de ton cœur ces craintes, confie toi en dieu, et ne crois pas
aux paroles de ces hommes qui cherchent a te nuire, et Dieu
sera avec toi

48°. bonne nouvelle je t'annonce de la part de dieu en toute
chose, car il t'a regardé d'un œuil de pitié, et il te donnera
la force et le pouvoir, et il ordonnera à ses anges de te
garder et de te proteger dans toutes tes Demarches, et cette
demande dans ton cœur te paroit dure, et tu en as des
craintes mais ne crains rien, qu'il te l'accordera avec joie

49°. ne t'attriste pas pour ta demande, car tu sera assisté
et tu prospereras en icelle, et tu ne dois pas te chagriner
car Dieu t'a accordé beaucoup de bien ; et quoique tes vœux
viennent un peu tard n'aies point d'anxiété, prends
courage, sois ferme qu'il ne manquera pas de t'advenir
tout bien

50°. laisse cela; car tu ne sais pas les ordre de Dieu, et quoique Dieu soit
lent, il satisfait cependant à lafin ________

51°. fils de l'homme: crains Dieu, abstiens toi du mal et fais le bien ne te
conduis pas avec deux cœurs, et netentes point Dieu, car ce que tu deman
des ne te convient pas, et c'est mauvais laisse cela, et cherche une deman
de juste, et si tu te repentira il sera bien pour toi, si non tu vas voir

52°. nedis pas... je irai et je ferai ce que je veux car tu ne le pourras pas
cette demande n'est pas bonne, laisse la, qu'il vaudra mieux pour toi

53°. il convient que ta demande soit faite vite, car tu y auras une réussite
parfaite, par ce que tu y as la crainte de Dieu travaille donc avec courage
et avec confiance, tu prospereras, le but est bon ________

54. saches que Dieu est a ton secours, et le fait prosperer rassure donc
toi, que ta demande sera accordée, car les anges de paix viendront
diriger les demarches ________

55°. je te conseille ane pas te donner tous ce soin, ni de te tourmenter
pour cette demande tu t'es déja autrefois donné des soins pour cela
sans jamais avoir pu y réussir ne sois point si pressé pour ne pas
heurter contre les obstacles, car le temps n'est pas encore venu pour
la trouver: un voile la couvre jusqu'à son tems, que tu le trouveras
et tu en auras beaucoup de contentement ________

56°. grande chose tu demandes, et tu en as des craintes mais ne crains
rien, puis qu'il n'y a point de colère dans ce que tu as dans le cœur et
tu crains Dieu prie Dieu; il accomplira tes volontés ________

57°. je l'annonce bonne nouvelle vû que ta demande est bonne il
n'y a rien qui de plaise. je vois que tu crains pour le vaisseau qui est
en mer, qu'il ne souffre beaucoup, mais cela ne sera pas long, il te
reviendra en paix ________

58°. ne te vantes pas en disant que tu reussiras dans ta requisition
puis que comme le mensonge est dans ton ame; ne cherche pas
davantage, que tu ne trouveras rien ________

186

59.° tu ne dois pas en vouloir a ton camarade, car à la fin tu t'en repentiras, et cela ne te servira à rien ———

60.° laisse cette demande : car un autre la fait de même, et veut te faire tomber dans un piege ainsi desiste toi de cela, et ne la recherche pas ———

61.° Contentement, paix, et des biens sont perts à l'avenir par cette Demande qui est accompagnée de bonheur ———

62.° donne louange a dieu vivant et éternel, humilie toi devant lui avec un cœur contrit et quand tu quitteras les œuvres mauvaises tu seras alors satisfait ———

63.° pourquoi te chagrines tu pour ceci ? son temps n'est pas encore venu, et ses clefs ne sont pas encore consignes ne te tourmente pas inutilement, jeune et prie dieu ———

64.° ne sois point impie, car tu mourras avant ton tems, garde toi donc plus dire des faussetes, car ta langue ira la première en jugement et repare ce que tu as gaté, que dieu te satis fera ———

65.° rejouis toi de ton coté, car ta demande te sera accordé, car c'est un moment heureux dans tes pavillon ———

66.° de vois que les hommes te haissent, et qu'il te disent du mal et tu as aussi des querelles avec d'autres ; crains dieu, et ne leur dis pas que dieu les confondra : dieu saura te faire prosperer en toute chose que tu demandes ———

67.° Mu par une inspiration heureuse tu as demandé dans un bon moment, et tu es venu a moi ta demande sera accordée, et tu prospereras dans tes demarches, si tu la suivras au plutot. netarde donc pas ———

68.° si tu écouteras mon avis, tu disposeras ton cœur envers dieu, tu supporteras encore, tu laisseras passer quelques jours, et tu obtiendras

69 ta demande est convenable, ne te decourages pas, et ne t'avilis pas, car Dieu est avec toi, et tu auras du bonheur

187

70° saches que cette demande t'est venue a l'esprit dans un bon
moment elle te sera par le ciel accordé, car tu as assés souffert tu
trouveras grace et misericorde, et tu oubliras toutes tes peines
71° je t'annonce encore un bonne nouvelle; ne t'attriste pas;
leve toi, et vas jus qu'au bout du monde, car dieu est avec toi
72° ne te donne pas tant de soins, car tu n'auras pas ce que tu
demandes; tu n'as pas de prudence mais de la douleur dans
ton interieur, n'ayant, pas de bonnes mœurs ainsi n'y pense pas
et tache de te confier en dieu, qui a la fin viendra te consoler
73° ne te presse pas tant, car tu n'aura pas de réussite dans ceci
evite les querelles, qui ne servent qu'à t'éloigner l'affection du monde
d'autant plus que tu es trompeur, et tu ne marches pas par le droit
chemin ainsi ne te donnes pas de peine inutilement attends, et
regle mieux tes demarches
74° saches que tout vient de dieu, et l'homme ne peut rien prendre
avec ses main, il se donnera beaucoup de mouvements et des peines
et ne réus sira à rien mais dieu a tout en son pouvoir ainsi prends
patience, et attends encore, quele moment heureux viendra dans peu
et tu sera alors content
75° abstiens toi de cette demande, car elle n'est pas bonne, et n'a rien
que de vanité, et ce que tu as dit ne te soutiendra pas: ne crois point
l'homme qui rapporte tout, et fais attention à ce que nous l'avons dit
76° rejouis toi de ton coté, que l'heure du bonheur vient pour
favoriser cette demande, car ton sort et ton bien etre viennent
ensemble pour te sauver et te contenter dans peu de tems
77° on t'annonce, que des bonnes nouvelles te sont préparées, et
que les anges viennent a ta rencontre et que tes demandes sont
déja accordées ainsi que tu vas bientot le voir
78° je vois que tu as éprouvé beaucoup de peines de contrarietés

188

et des miseres, et que tu cherches ce mistere, et tu ne peux pas l'avoir
parceque ta demande est eloignée, et met ta personne en suspens
ne la recherches pas, car toutes les choses ne sont pas egales, et si
le temps passera, il t'adviendra de la satisfaction

79: Eloigne toi de ces maux, et de cette chose, que tu as dans la
tete, parceque cela n'est pas bon et ne te donnera pas de bonheur
prend garde de ne pas tomber dans l'avilissement, et rougis de honte
mais je t'annonce que cesi ou autre chose bien disposée sera bonne
pour toi

80: avec joie te sera donné ce que tu demandes, cela etant déja
ainsi disposé dans le ciel: sois ferme et cherche avec courage
que tu reussiras a ton avantage et contentement

81: dieu fera prosperer ta demarche, et te accordera ta demande
elle est déja accomplie il sera bien de la laisser en prendre une
autre qui sera bien pour toi

82: beaucoup de bien et plusieures especes de graines t'adviendront
tu doit louer et remercier dieu qui t'acorde la joie poursuit donc
sans tarder que tu auras tout plein de contentement

83: ne vas pas chercher les voix de dieu, et ne le tente pas afin
que tu ne risque pas de trébucher; et si ces jours sepasseront
retournes amoi, que je te dirai ce que tu as à faire

84: confie toi en dieu et prie le, et ne vas pas prier les hommes
ny ne vas pas te confier en eux, tu es sage et prudent, ce serait
une folie que de se confier à des ingrats et a des menteurs; tudois
bien considerer que cette demande exige de la science de la crainte
et bien de la reflection

85: le moment est tres propice pour ce que tu veux tu peux
prendre femme; tu peux aller et faire toutes choses en implora
nt la clemence et l'aide de dieu qui envoye ses anges pour
t'assister de leur ministere

86°: tu dois craindre tes tombes comme homme, et faire ta demande
et tu auras le contentemens que tu desires et recherche lhonneur
de dieu avec confiance, car ta prière est déja exancé

87 tu as dans lesprit beaucoup de choses a demander concernant
ton sort, ta maniere de vivre est tenacd: tu dis que ton espoir
est perdu et tu tattriste dsen pensant que tu jours sont passés
inutilement; mais ne tattristes pas, car ton bien ais dest vague, et les
esperances sont bien appuyés, quoique le temps ne soit pas Encore
arrivé: et quoi que tu dises que le tout est un travail inutile et
erronne, s'gaches que tout vient de dieu, et confies toi en lui que tu
en auras la recompense

88°: ne crins rien de ces scelerats, qui se soulevent contre toi pour
te nuire; et font semblant detre tes amis; car dieu les fera tomber
a tes pieds parce que ce sont des hommes faux, et la ferois bien fou
d'écouter ce qu'ils pensent; et de leur réveler les secret ton sort estgrand
et heureuse; cest pour quoi ils veulent te faire tomber, mais ce sera
ceux qui tomberont

89° reste dans ta maison, et tu sera respecté et ne vas pas fréquenter
des jean vils, car ton aliment vien de dieu, ainsi ne te fatigues
pas à faire des voyages ny pour des fous ne te chagrines pas; car
dieu te donnera richesse, enfans et ce que tu dessires en plores donc
sa clémence, et tu ne tarderas pas a jouir

90° ne fais pas trop de vaux, car plusieurs fois ta la fait à dieu et
tu ne las pas accompli il ny a pas oubli qui tienne de vant dieu
ainsi remplis toujours ce que tu promets a dieu et il te regardera
avec considerations

91° ne sois pas si fou que de chercher une chose occulte, et ne ty
adonnes pas inutilement. dieu sçait ou sont les choses et comment
tu comprends les secret ilnya donc rien d'accord entre les mains de
hommes parce que il roulle dant sa tête beaucoup de projets et est
sujet à l'erreur

190

92.e qui peut scavoir ce quil en sera de lhomme, comme l'on voit
ce qui en est des poissons, et des oiseaux attrapés dans les filets
il ne seait pas l'heure de son trépas et les choses occultes ne
sont connenus que de l'éternel, et de l'homme qui craint dieu
93.e souveant tu à voulu faire penitence et tu ne l'as jamais
fait; à présent viennent les jours de calamité et toi rempli de
crainte tu as recours a dieu: soy tranquille il a deja ordonne
les choses en bien pour remplir ta demande par ce que tu
aimes le seigneur

94.e puis que tu n'as que des bonnes pensees pour toi, et pour ton
prochain, il ne t'arrivera pas de mal, et sont peu de temps ta
demande te sera accordée tu seras envié par plusieurs qui
cherchent a rendre nulle ta demande, mais dieu ne les écoutera
pas, et t'accordera bien tot du contentement

95.e tu ne peux pas empecher la mort; ne restes pas dans les
demeures des grands ne courres point après les honneurs et les
dignités, car le temps pour cela n'est pas encore arrivé

96. comment astu tant de confiance à prétendre ceci ? fais
attentiond que plusieurs fois que tu as eu une telle confiance
tu as couru des dangers, donc dieu t'a sauvé, convertis toi a
dieu et attends car il aura pitié de toi

97.e que de bien faits dieu t'acorde si tu veux y faire attention
ta demande te sera accordé, et cet ennemi qui veut t'abaisser
pour etre à ta place ny reussira pas ne le crains pas des que tu
aimes dieu

98.e tu penses bien te rejouir que tus as rechappé du tombeau et que
tes jours sont renouvellés, tu les passeras dans la joie; tu auras des
enfant, dont le petis deviendra grand; il te consolera, et te
soulagera dans tes œuvres et dans tes peines

99.° tu as fait une folie puisque tu etois digne d'avoir des biens
et tu t'est pressé a faire le mal et par là tu est tombé par terre
il ne suffit pas ce que tu as fait car tu cherches encore à
poursuivre ; mais prends garde à ton ame car tu ne connois
pas les jugement de dieu qui fait naitre le jour, et qui t'en vo
yerois du mal situ continue a etre aussi impie

100.° tu ne sçais pas que le but de ta demande tend au mal
et que plusieurs personnes comme toi ont cherché la meme chose
et sont tombés il vaudra mieux que tu etudie un peu plus ta
demande ; et pour l'obtenir addresses toi à dieu

101.° le merite que tu as acquis, l'est pour toujours ; ne crains rien
travailles et fais ce que tu veux, car ta demande te sera accordée
et tu seras honoré de beaucoup de monde

102.° puis que tu crois en dieu prends confiance en lui ; car il
fera tomber ton ennemi, et il accomplira tes demandes à la
grande satisfaction

103 malheur a toi si tu ne fais pas bien envers dieu ; quittes tout
mal, et confies toi en lui, car il satisfera tes souhait de ton coeur

104.° ne t'éloignes pas de la crainte de dieu pour ne pas etre haide
tes amis, evites de faire le mal, car dieu seul peut te sauver

105.° sois beni de dieu comme abraham notre peu là eté, et dieu
sera avec toi pour te faire avoir une bonne reputation il te
benira, et accomplira tes demandes

106.° puisque tu as disposé ton ame dans la crainte de dieu, tu
auras tous pouvoir sur les hommes et sur les nation car tu
es agréable a dieu qui accomplira ta demande

107.° tu es petit et peu de chose, et regarde comment tu t'enorgue
cullis sans penser qu'aujour dhuit tu es, et demain tu ne sera plus
l'hommes ne reste pas le moine, et après sa fin il sera rejetté comme
une beté morte convertis toi a dieu, et il aura pitié de toi

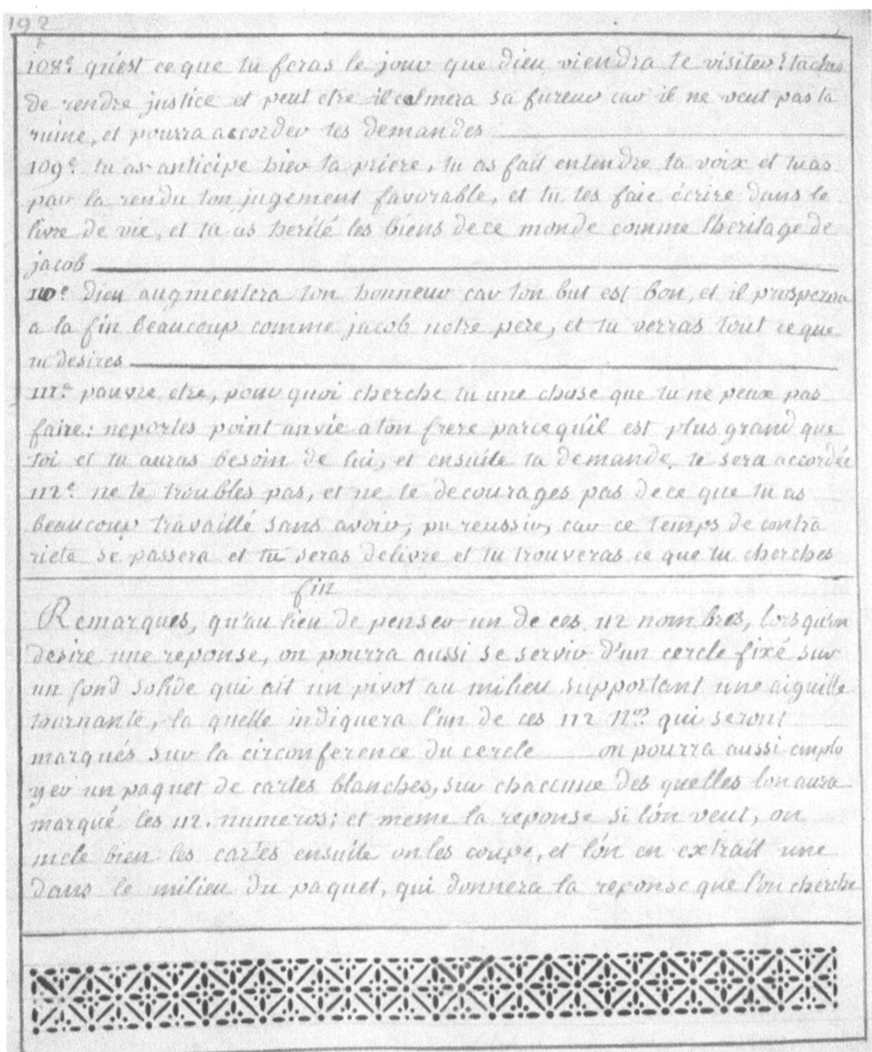

108? qu'est ce que tu feras le jour que dieu viendra te visiter? tâches de rendre justice et peut être il calmera sa fureur car il ne veut pas ta ruine, et pourra accorder tes demandes ⸻

109? tu as anticipé bien la prière, tu as fait entendre ta voix et m'as par la rendu ton jugement favorable, et tu t'es fait écrire dans le livre de vie, et tu as hérité les biens de ce monde comme l'héritage de jacob ⸻

110? Dieu augmentera ton bonheur car ton but est bon, et il prospérera à la fin beaucoup comme jacob notre pere, et tu verras tout ce que tu desires ⸻

111? pauvre être, pourquoi cherche tu une chose que tu ne peux pas faire: neportes point envie à ton frere parce qu'il est plus grand que toi et tu auras besoin de lui, et ensuite ta demande, te sera accordée

112? ne te troubles pas, et ne te decourages pas de ce que tu as beaucoup travaillé sans avoir pu reussir, car ce temps de contrarieté se passera et tu seras delivré et tu trouveras ce que tu cherches

fin

Remarques, qu'au lieu de penser un de ces 112 nombres, lorsqu'on desire une reponse, on pourra aussi se servir d'un cercle fixé sur un fond solide qui ait un pivot au milieu supportant une aiguille tournante, laquelle indiquera l'un de ces 112 N?? qui seront marqués sur la circonference du cercle ⸻ on pourra aussi employer un paquet de cartes blanches, sur chacune des quelles l'on aura marqué les 112 numeros; et même la reponse si l'on veut, on mele bien les cartes ensuite on les coupe, et l'on en extrait une dans le milieu du paquet, qui donnera la reponse que l'on cherche

Table des Matières

Traité de la Cabale Mixte qui comprend l'Art Angélique extrait des Docteurs Hébreux

9 782898 061844